ÉTUDE

SUR LA

CHAMBRE DU COMMERCE

DE GUIENNE

PAR

JEAN-AUGUSTE BRUTAILS

ARCHIVISTE DU DÉPARTEMENT DE LA GIRONDE

Extrait des *Actes de l'Académie des Sciences, Belles-Lettres et Arts de Bordeaux* (1893).

BORDEAUX

IMPRIMERIE G. GOUNOUILHOU

11, — RUE GUIRAUDE, — 11

1895

ÉTUDE
SUR LA CHAMBRE DU COMMERCE
DE GUIENNE

ÉTUDE

sur la

CHAMBRE DU COMMERCE

DE GUIENNE

par

Jean-Auguste BRUTAILS

ARCHIVISTE DU DÉPARTEMENT DE LA GIRONDE

Extrait des *Actes de l'Académie des Sciences, Belles-Lettres et Arts de Bordeaux* (1895).

BORDEAUX

IMPRIMERIE G. GOUNOUILHOU

11, — RUE GUIRAUDE, — 11

1895

ÉTUDE

SUR LA

CHAMBRE DU COMMERCE DE GUIENNE

INTRODUCTION

Historique des archives de la Chambre du commerce de Guienne; leur classement; portée des documents y renfermés

Dès les premières années de son existence, la Chambre du commerce de Guienne prit des résolutions pour assurer la conservation et le classement de ses archives. En 1709, elle décida que les papiers seraient gardés dans un cabinet fermé à deux clefs, dont l'une serait confiée au plus ancien directeur et l'autre au secrétaire; tous les ans il devait être dressé un inventaire des documents[1]. Il ne paraît pas que ces mesures aient été ramenées à exécution : en 1730, MM. Ribail et Raymond, qui avaient été chargés de mettre les titres en ordre[2], constataient qu'il n'y avait jamais eu de classement; l'ancien secrétaire et des directeurs avaient retenu partie des pièces[3]. En 1734, la Chambre ordonna qu'il serait établi un répertoire des matières par elle étudiées[4]. Deux ans après, MM. Roudes,

[1] 26 mars 1709 (C. 4251).
[2] 23 février 1730 (C. 4253).
[3] 27 avril 1730 (C. 4253).
[4] 17 juin 1734 (C. 4253).

Billate et Dirouard étaient désignés pour le rangement de la collection [1]. En 1749, défense fut faite au secrétaire de prêter, à moins d'autorisation de la Chambre, les pièces qui appartenaient à celle-ci [2]. Enfin, le 5 août 1756, la Chambre confia à Crozilhac, son secrétaire, et à l'abbé Baurein le soin de classer et d'inventorier ses archives [3]. Baurein se mit à l'œuvre avec la conscience et la puissance de travail qui lui étaient habituelles, et, le 12 avril 1758, lui et son collaborateur remirent la minute du répertoire dont il sera parlé plus loin ; l'allocation de 600 livres qui leur avait été promise fut élevée à 1,000 livres, dont 600 attribuées à Baurein [4].

Après la suppression de la Chambre, les archives furent livrées au Département, en septembre 1792 ; un inventaire, qui nous est resté, avait été dressé à cette occasion, du 18 au 25 août précédent. A l'époque où les dossiers firent retour à la Chambre de commerce de Bordeaux, on procéda, le 5e jour complémentaire an IX, au récolement de cet inventaire, ce qui permit de constater la disparition d'un certain nombre de pièces.

Enfin, en 1867 et 1878, la Chambre a déposé ses documents anciens aux Archives départementales et elle a, en 1892, ouvert à son budget un crédit pour l'impression de l'inventaire. Cet acte d'initiative éclairée d'un corps élu devrait servir d'exemple à certaines administrations, qui, sans l'ombre d'une raison, cachent systématiquement et vouent à une destruction rapide des collections intéressantes.

[1] 17 mai 1736 (C. 4253).
[2] 11 décembre 1749 (C. 4255).
[3] C. 4256.
[4] C. 4256. — Dans sa vie toute de labeur, Baurein ne connut pas l'aisance : il réclama un acompte, qui lui fut accordé (31 mars 1757, C. 4256). Les mandats pour le paiement définitif sont des 20 avril et 27 juillet 1758 (C. 4421).

Les archives de la Chambre de commerce ont peu souffert et elles ne présentent pas de lacunes trop considérables. Si les diplomatistes doivent renoncer à y découvrir des chartes anciennes, si elles n'apprennent à peu près rien sur les événements politiques de la France, elles constituent assurément l'une des sources les plus abondantes d'information pour l'histoire du commerce au XVIIIᵉ siècle. Les documents y sont d'ailleurs d'une valeur inégale : une certaine quantité est le produit de cette paperasserie administrative qui fait le désespoir des archivistes, et parmi ceux dont l'objet est le plus sérieux il faut encore distinguer. D'une façon générale, les documents d'ordre intime, par exemple les lettres au député du commerce, doivent être préférés aux rapports et aux requêtes plus solennels. Cette infériorité des textes officiels tient à diverses causes : en premier lieu, ils sont écrits dans cette langue déclamatoire du temps, qui amplifie et dénature tout, et il est assez malaisé de faire le départ entre la réalité de la pensée et l'exagération de l'expression; en second lieu, ces textes sont ordinairement rédigés d'après des données statistiques dont il est impossible de contrôler l'exactitude(¹); enfin, il faut le dire, les mémoires sont des plaidoiries intéressées plus souvent

(¹) C'est une règle constante qu'il est périlleux de se fier aux rapports officiels d'une portée un peu générale. Il n'est pas hors de propos de signaler à ce sujet le passage dans lequel Francisque-Michel signale, comme les seules sources de l'histoire du commerce bordelais au commencement du XVIIIᵉ siècle, les registres du Conseil institué à Paris et les registres de la Chambre à Bordeaux : « Encore les uns et les autres ne contiennent-ils que rarement des notions générales sur cette matière. » (*Histoire du commerce et de la navigation à Bordeaux*, t. II, p. 187.) Il est très commode assurément de se servir des mémoires où sont groupées ces « notions générales »; mais il est beaucoup plus prudent de reconstituer les faits par des recherches analytiques dans des pièces plus sincères. Les registres de la Douane seraient à cet effet d'un secours précieux; mais on les envoyait à Paris à la fin de chaque exercice (16 décembre 1758, C. 4264).

que des exposés sincères. Le premier député du commerce de Bordeaux écrivait un jour à la Chambre : « On peut un peu exagérer ([1]). » Plus tard, un de ses successeurs demandait qu'on rédigeât un mémoire « au moins d'une manière qui ne choque pas tout à fait le vrai » ([2]). Ces leçons ne furent pas perdues : trop souvent le travailleur qui compulse les registres de la Chambre se heurte à des erreurs manifestes ([3]). On saisit plus particulièrement sur le vif cette tendance à propos de la fixation du prix des marchandises frappées de taxes proportionnelles ; la Chambre reçut au sujet de l'inexactitude de ses propositions des reproches nombreux de la part des députés eux-mêmes, et elle reconnut ses torts à diverses reprises : en 1722, le député relevait dans ces tableaux des écarts de 50 0/0 ([4]).

Il est à peine besoin d'ajouter que je n'entends nullement faire supporter par la Chambre de commerce en particulier la responsabilité d'imperfections qui sont imputables à toute une époque ([5]). J'ai cru essentiel de signaler ces défauts et de faire bénéficier les travailleurs

([1]) 25 mai 1708 (C. 4300).
([2]) 21 septembre 1751 (C. 4315).
([3]) La Chambre abusait surtout de l'argument qui consistait à dire que du développement du commerce dépendait la prospérité de l'État.
([4]) 26 décembre 1722 (C. 4302). — Cf. 22 déc. 1728, 11 avril 1729, 28 juin 1729 (C. 4304); 9 août 1743 (C. 4309); 9 février 1775 (C. 4257); 24 juin 1775 (C. 4265); 16 juin 1786 (C. 4296), etc.
([5]) En 1731, l'Intendance avançait, dans une lettre au Contrôleur général, que « le commerce de Bergerac et de Sainte-Foy... est presque aussy considérable que celui de Bordeaux »(26 février 1731, C. 4620). Au sujet de ces exagérations des Intendants, il se produisit un fait assez singulier : Tourny reprocha à la Chambre d'avoir forcé le chiffre des productions de la province, tandis que lui-même sollicitait une modération d'impôts et se livrait sans nul doute à une exagération inverse (9 juin 1733, C. 4315). — Voici un curieux exemple de ces amplifications : un notaire de Marseille, demandant la création d'experts jurés près les 53 sièges d'Amirauté, fait valoir notamment cet avantage que « ces offices formant » pour les titulaires « un état honnête, donneront lieu à leur établissement et à une population » (1784, C. 4376).

qui consulteront le fonds de la Chambre des indications que j'ai eu l'occasion de recueillir touchant la valeur des documents y renfermés.

On trouvera ci-après quelques considérations que m'a suggérées l'étude de ces archives. Je n'ai ni le dessein ni l'illusion d'épuiser en ces brèves pages les sujets que j'ai abordés; je ne prétends pas donner au public des dissertations complètes, mais apporter une simple contribution à l'histoire de la Chambre. J'ai d'ailleurs contrôlé mes conclusions par l'examen d'un certain nombre de liasses de l'Intendance et par un rapide dépouillement des délibérations du Conseil royal de commerce, conservées aux Archives nationales. J'ai pu mener à bien cette dernière tâche grâce à la haute bienveillance de M. Servois, garde général de ce dépôt, et à l'obligeance rare de M. Bonnassieux, archiviste, qui a mis entre mes mains, avec les bonnes feuilles de l'inventaire, la table sur fiches de ces délibérations. Bien d'autres travailleurs m'ont prêté le concours de leur érudition : je dois à MM. Lalanne, P. Meller, C. de Mensignac et Ollion-Delmestre d'avoir pu retrouver et reproduire les médailles et jetons de la Chambre; enfin, mes collaborateurs MM. Lodi Roborel de Climens et Gaston Ducaunnès-Duval m'ont aidé dans la recherche des documents.

CHAPITRE PREMIER

L'organisation de la Chambre.

I. — **Juge**, consuls et directeurs : fondation, suppression et composition de la Chambre ;
règlements électoraux ; intrigues ; candidature officielle ; conflits de préséance.
II. — Liste des juges et consuls ayant fait partie de la Chambre.
III. — Liste des directeurs du commerce de Guienne.

I. — JUGE, CONSULS ET DIRECTEURS.

La création des Chambres de commerce remonte au
30 avril 1701 [1]; la Chambre de Guienne fut organisée par
arrêt du Conseil d'État du 26 mai 1705 [2], et des revenus
lui furent attribués par lettres patentes du 14 août 1706 :
ces deux titres [3] furent enregistrés au parlement de
Bordeaux [4]. Le décret portant suppression des Chambres
de commerce est du 27 septembre 1791.

La Chambre du commerce de Guienne comprenait,

[1] Foulon, *Étude sur la représentation légale du commerce en
France,* p. 49-51.

[2] Sur l'élaboration de cet arrêt par le Conseil, voir Francisque-Michel.
Histoire du commerce et de la navigation à Bordeaux, t. II, p. 175-176.
— Avant la création de la Chambre, les attributions qui devaient lui être
confiées appartenaient aux juge et consuls. Les 16 et 30 mars 1703, le
Conseil royal de commerce examina une demande des consuls pour la
suppression d'un droit de fret (Délibération du Conseil royal de commerce.
D'après l'inventaire). On peut voir à ce sujet un registre de parères donnés
par la juridiction consulaire en 1703, un registre de la correspondance
échangée entre la même juridiction et le député au Conseil de commerce
depuis 1701, un registre, tenu encore par la même juridiction, des comptes
et des correspondances touchant un armement en course imposé par le
Roi en 1688.

[3] Voir l'*Instruction générale sur la juridiction consulaire,* dont il
existe plusieurs éditions, et à la suite de l'inventaire-sommaire du fonds
de la Chambre de commerce, Archives de la Gironde, C. III.

[4] 7 juillet 1707 (C. 4251).

conformément à l'article premier de l'arrêt du Conseil
de 1705, les membres de la juridiction consulaire et six
« directeurs du commerce de la province de Guienne ».
Tandis que dans certaines villes, comme La Rochelle (¹),
la juridiction consulaire et la Chambre étaient séparées et
souvent opposées, les deux Compagnies étaient réunies
à Bordeaux, ou, pour parler plus exactement, les juge
et consuls faisaient partie essentielle de la Chambre.
Cette disposition produisit d'excellents résultats, dont le
premier fut d'éviter des rivalités et des conflits regrettables.

La juridiction consulaire de Bordeaux, établie en 1563(²),
comptait un juge et deux consuls. Une déclaration du Roi
du 7 avril 1754, enregistrée au Parlement le 16 mai de
la même année, créa deux nouveaux sièges de consuls(³);
cette modification avait été demandée par l'Intendant (⁴).
Il était d'usage presque constant que les électeurs consulaires nommassent consul l'un des directeurs sortant de
charge (⁵). Après leur élection, les juge et consuls dési-
gnaient huit jeunes gens, qualifiés « élus du Conseil »;
c'étaient des *auditeurs,* qui prêtaient serment, étaient
chargés du rapport de certaines affaires et prenaient part
aux travaux du tribunal avec voix délibérative(⁶). Ces
élus du Conseil formaient une pépinière de futurs membres de la Chambre ou de la juridiction; nous possédons

(¹) Garnault, *Le commerce rochelais,* t. I, p. 241 et suivantes.
(²) Voyez l'édit de création dans l'*Instruction générale sur la juridiction consulaire.*
(³) 30 mai 1754 (C. 4316. Imprimé dans l'*Instruction générale*).
(⁴) 4 avril 1752. Lettre à Trudaine (C. 1624).
(⁵) 6 mai 1752. Au même (C. 1624).
(⁶) Il fallait cependant, pour que leur avis l'emportât, qu'il fût appuyé
par le juge ou par un consul (4 avril 1752. L'Intendant à Trudaine,
C. 1624). — On trouvera les noms des élus du Conseil avec ceux du
juge et des consuls dans la dédicace de quelques éditions au moins de
l'*Instruction générale sur la juridiction consulaire.*

la profession de foi de Dinematin, doyen des élus du Conseil, qui pose sa candidature au consulat (¹).

Les directeurs du commerce de Guienne étaient élus pour deux ans et renouvelables par moitié, trois chaque année.

Pour les élections de la juridiction consulaire, les anciens consuls ou à leur défaut des commerçants notables, chefs de famille, domiciliés à Bordeaux et âgés au moins de trente-cinq ans, étaient convoqués au nombre de quarante; ils éliminaient vingt d'entre eux; restaient vingt électeurs, « les vingt de la teste, les vingt du centre ou les vingt de la queue. » Ces vingt électeurs procédaient au choix définitif (²). Pour les directeurs, l'élection était faite, aux termes des articles 6 et 7 de l'arrêt du Conseil de 1705, par vingt-trois négociants, savoir : les six directeurs en place, les juge et consuls, d'anciens directeurs et, si le chiffre n'atteignait pas vingt-trois, d'anciens juges et consuls.

En droit, les élus ne pouvaient pas se dérober à l'accomplissement du mandat qui leur était confié : c'était d'ailleurs un principe du droit public de l'époque. D'une délibération de la Chambre, consécutive au refus d'un directeur d'accepter ses fonctions, il résulte que les refus de ce genre n'étaient pas valables, à moins d'être

---

(¹) 1752 (C. 1624). — En 1734, l'Intendant explique l'échec d'un candidat au consulat par ce fait qu'il n'a pas assisté aux audiences et n'a pas demandé qu'on le chargeât de rapporter des affaires, « ainsy que l'observent ceux qui aspirent au consulat » (7 mai 1734. Lettre au comte d'Eu, C. 1630).

(²) Mémoire sans date (C. 1624). — 6 mai 1729. Lettre de l'Intendant (C. 1611). — En 1756, une cabale se forma en faveur du sieur Barbeguière, qui figurait le treizième sur la liste des électeurs: on écarta les douze premiers et les huit derniers. Cette manœuvre fut considérée comme frauduleuse, et ce fut l'un des motifs pour lesquels l'élection fut cassée (6 juin 1756. Lettre de l'Intendant, C. 1624).

sérieusement motivés [1]. La juridiction consulaire fit profession des mêmes idées, à l'occasion des prétextes donnés par un consul pour ne pas siéger : elle déclara ces prétextes irrecevables, et décida de procéder contre lui [2]. Mais dans la pratique, on était bien moins rigoureux [3]; Tourny attribuait en partie à ce relâchement l'infériorité de la Chambre du commerce [4].

Les consuls étaient pris parmi les anciens trésoriers de l'hôpital Saint-André appartenant à la religion catholique [5]; or, parmi ces trésoriers, plus de la moitié étaient protestants. Les directeurs eux-mêmes, bien qu'ils ne fussent appelés à exercer aucune judicature, étaient choisis exclusivement dans les familles catholiques. Aux élections de 1787, de vives réclamations furent élevées contre cet usage; on fit valoir l'exemple des autres Chambres [6] et l'inconvénient qu'il y avait à se priver des lumières des négociants non orthodoxes; l'assemblée électorale refusa de discuter une question qu'elle n'avait pas mission d'examiner. Il se passa même à cette occasion un fait assez piquant : le premier tour de scrutin avait été favorable à Nairac, protestant, qui arrivait troisième; mais une voix s'étant perdue sur un juif,

[1] 18 mai 1747 (C. 4254). — Cf. la requête de l'intéressé (C. 1624), qui s'abstint de paraître aux séances et qui fut remplacé l'année suivante (1er mai 1748, C. 4255).

[2] 10 mai 1755 (C. 1624 et *Instruction générale*). — Cf. la correspondance échangée au sujet du refus de deux consuls élus en 1759 (C. 1624), la délibération du Conseil royal de commerce du 9 septembre 1762 (d'après l'inventaire) et un arrêt du Conseil du 28 septembre 1762 (dans l'*Instruction générale*), auquel les intéressés firent opposition (Délibération du Conseil royal de commerce du 3 février 1763. D'après l'inventaire).

[3] En 1742, il fallut procéder à trois élections successives, un directeur et son remplaçant ayant refusé leurs fonctions (C. 4254). L'un des élus de 1751 ayant persisté à ne pas se présenter à la Chambre, on nomma un directeur à sa place (1er mai 1752, C. 4255).

[4] 22 mars 1750. Lettre à Trudaine (C. 1611).

[5] Mémoire de 1760 environ (C. 4412). .

[6] La Chambre de La Rochelle a compté plus de protestants que de catholiques (Garnault, *Le commerce rochelais*, t. I, p. 135-136),

l'assemblée décida que l'élection était entachée de nullité ; au second tour, Nairac échoua. L'Intendant intervint en personne ; il se rendit à la Chambre différentes fois ; il releva les irrégularités commises ; il soutint la thèse que l'orthodoxie n'était pas une condition d'éligibilité, et il amena le commerce à solliciter des réformes destinées à mettre la Chambre, trop fermée jusque-là, en communication plus fréquente avec le négoce (¹). L'année suivante, Nairac fut élu (²).

Les règlements électoraux appelaient bien d'autres modifications : l'une des plus désirables aurait consisté à empêcher que les parents à un degré rapproché fussent simultanément appelés à la Chambre. La gestion des intérêts du commerce bordelais appartint parfois, en effet, à certaines familles (³), et un conseiller d'État put dire « qu'il faloit que MM. les Anciens eussent toujours regardé ces places comme étant de leur patrimoine » (⁴). Un arrêt du Conseil, d'août 1732, prescrivit, pour remédier à ces abus, des dispositions qui n'atteignirent que bien imparfaitement le but (⁵); les électeurs continuèrent à s'ins. pirer trop souvent de considérations étrangères au bien public (⁶). Contre les cabales, que favorisaient le nombre

----

(¹) 6, 20, 24 et 25 septembre 1787 (C. 4258 et 4259). — Cf. 11 mars 1788 (C. 4266).

(²) 1ᵉʳ mai 1788 (C. 4259).

(³) La famille Dubergier ne comptait pas moins, à un moment donné, de sept membres appelés au vote (Mémoire de l'Intendant, sans date. C. 1624). — Cf. un mémoire à l'Intendant, non daté *(Ibid.)*, et une note non datée (C. 1628).

(⁴) 16 août 1732 (C. 4306).

(⁵) 13 novembre 1732 (C. 4253). — Cet arrêt fut proposé par Boucher, 21 et 28 août 1732 (Délibérations du Conseil royal de commerce. D'après l'inventaire de M. Bonnassieux).

(⁶) Voir 11 avril, 28 avril et 23 mai 1744 (C. 4312); 18 mai 1769 (C. 4257). — M. Labraque-Bordenave a signalé ce fait qu'une année le juge avait, comme premier et second consuls, son oncle et son beau-frère (*Actes de l'Académie de Bordeaux*, 1889, p. 286).

restreint des électeurs et leurs relations de famille, les Intendants durent plus d'une fois réagir. En 1729, apprenant qu'on allait nommer consul le fils du juge sortant, Boucher prit une ordonnance pour interdire ce choix; les électeurs passèrent outre, mais le Conseil du Roi cassa l'élection (¹). En 1752, un conflit analogue se produisit : l'un des directeurs restant en charge agissait pour faire nommer son beau-frère, et il y réussit malgré la lettre adressée à la Chambre par Tourny, que le gouvernement refusa d'appuyer (²).

Dans les élections des juge, consuls et directeurs, les intrigues n'étaient pas toutes du fait des candidats : le Parlement, à qui rien n'était étranger de ce qui touchait au bien de la province, ne se désintéressait pas suffisamment des opérations mêmes qui le concernaient le moins, et il paraît que son ingérence n'était pas sans contrarier la liberté des élections (³). D'autre part, il arrivait aux ministres de servir leurs protégés ou les protégés de leurs protégés : le P. principal du collège Louis-le-Grand voulait-il faire nommer son beau-frère, un porte-manteau

(¹) 2 juin 1729 (Délibérations du Conseil royal du commerce. D'après l'inventaire). — Les Ministres, tout en approuvant l'Intendant au fond, soulevèrent une difficulté de forme et prétendirent qu'il n'était pas compétent pour prendre des ordonnances de ce genre (Mai à juillet 1729, C. 1611 et C. 1624).

(²) Voir les lettres de Tourny des 2 et 6 mai 1752, et la réponse de Trudaine : « Le tort principal qu'ont eu ceux qui ont concouru à cette élection a été de ne pas déférer autant qu'ils l'auraient dû à vos représentations; mais je crains fort que M. le Garde des Sceaux ne veuille pas se déterminer sur ce moyen à casser l'élection » (C. 1624). — Quatre ans après, Tourny eut encore des difficultés du même genre : on avait élu juge Barbegnière, malgré l'usage « constant » qui voulait que le juge fût le plus ancien consul en matricule (c'était, en l'espèce, un ami de Tourny, nommé Lafore). En réalité, l'usage n'était peut-être pas aussi « constant » que le voulait l'Intendant; mais celui-ci établit qu'il y avait intrigue, et il fit casser l'élection et nommer Lafore. Cette affaire donna lieu à des appels, à des arrêts pour la suppression de libelles diffamatoires, etc. (C. 1624).

(³) 11 juillet 1729. Minute de lettre de l'Intendant au Contrôleur général (C. 1624).

du Roi désirait-il qu'un sien ami fût juge, un ministre
écrivait à l'Intendant; celui-ci transmettait la recommandation
à la Chambre avec un zèle modéré, et la Chambre la
faisait connaître aux électeurs, qui en tenaient compte...
quelquefois (1).

Les Intendants affectèrent, jusque vers 1780, de ne pas
se rendre à la Chambre les jours d'élection, bien qu'on
les y invitât; mais cette abstention était surtout apparente,
et ils ont mis, au moins en quelques occasions,
leur influence au service de certaines combinaisons. De
ces pratiques de candidature officielle, il est resté entre
autres des listes de négociants, avec des annotations en
partie de la main des Intendants. L'un de ces états porte
au verso l'avis que voici : « Servés-vous habilement de
cette liste et ne la produisés pas (2). »

Je n'ai rien trouvé d'ailleurs qui autorise à voir dans
cette intervention autre chose que l'effet des légitimes
préoccupations d'un administrateur et son désir d'élever
le niveau de la Chambre. On a représenté les Intendants
de Guienne comme des agents d'une politique méfiante
et arriérée, cherchant avant tout, dans leurs relations
avec la Chambre, à plier sous je ne sais quelle tyrannie
routinière un corps indépendant et éclairé. Cette conception
est non moins injuste qu'inexacte. Il ne faut pas

(1) 24 avril et 6 mai 1732. L'Intendant à la Chambre et au Garde des
Sceaux (C. 1624). — 6 janvier 1727 et 5 mars 1728. Le Peletier et Le Blanc
à l'Intendant. *(Ibid.)* — Sur les démarches du comte d'Eu en faveur de
Rodier, qui indisposa les Anciens au cours des visites d'usage, 18 avril et
7 mai 1734 (C. 1630).

(2) C. 1611. — Ces états portent les mentions : « bon, mau[vais],
méd[iocre], boutiquier, point de vaisseau, » etc. — Un autre, de 1752,
énumère les consuls et directeurs sortants, et fournit d'autres indications :
« Pour remp[lacer] Antoine Dubergier », « fils d'un cabaliste », « négociant
commerçant », « meilleur », etc. (C. 1624). — Voir une autre liste
(C. 1622).

oublier que la fidélité des Bordelais aux institutions de la France était incontestable et leur loyalisme à l'abri de tout soupçon ; les représentants du gouvernement n'avaient pas de surveillance à exercer à ce point de vue, et les soucis politiques, au moins jusque vers les derniers temps de l'ancien régime, n'entrèrent pour rien dans leurs desseins. Est-il vrai du moins qu'ils cherchèrent à obtenir une Chambre plus souple et plus soumise? Les faits semblent démentir cette hypothèse, car les Intendants visèrent constamment à recruter consuls et directeurs dans le haut commerce, parmi ces négociants opulents qui devaient trouver dans une culture développée et dans leur situation de fortune plus d'indépendance (1). Il n'était pas inutile de réfuter une erreur préjudiciable à la mémoire d'hommes, comme Tourny, qui ont rendu à la province tant et de si importants services.

A la fin de cette étude sur la composition de la Chambre, il est naturel de dire quelques mots des conflits de préséance entre directeurs. C'étaient autrefois, on le sait, de très graves questions : la Chambre, écrivant un jour au député, l'entretenait uniquement d'une difficulté de ce genre et renvoyait à un autre courrier des affaires que nous jugeons, à distance, être autrement sérieuses. Une jurisprudence s'établit, grâce aux Intendants, qui

(1) En 1732, l'Intendant se plaignait qu'il n'y eût guère à la Chambre que des marchands en boutique, « à l'exclusion des marchands en gros, qui, par leurs lumières et leur expérience d'un commerce plus étendu, sont capables d'y servir plus utilement que ces derniers » (C. 1624); l'arrêt du Conseil qui intervint cette année-là répondait à cette préoccupation. Plus tard, Tourny regrettait qu'on eût souffert « que des négotians du premier ordre refusassent sous différens prétextes l'élection qui étoit faite de leurs personnes. » (22 mars 1750. Lettre à Trudaine, C. 1611.) En 1752, il s'indignait qu'on eût élevé à la juridiction consulaire un raffineur qui était, huit ans auparavant, « garçon portant le tablier » (C. 1624), et il se plaignait que de bons négociants préférassent renoncer au consulat plutôt que d'accepter la charge de trésorier à l'hôpital (Ibid.).

donna satisfaction aux revendications de la Chambre : il fut décidé que les directeurs nobles (1), non plus que les directeurs jurats, n'avaient droit à aucun honneur particulier (2).

Voici un double tableau dressé par M. Gaston Ducaunnès-Duval, employé aux Archives, des membres de la Chambre : d'abord juges et consuls, ensuite directeurs.

II. — Liste des juges et consuls ayant fait partie de la Chambre du commerce de Guienne.

MM.	MM.
1705. Reymond, juge.	5 mai 1711. Partarrieu.
Comin, 1er consul.	Lamothe.
P. Brunaud, 2me consul.	Bonneau.
5 mai 1706. Dubergier aîné.	5 mai 1712. Piffon.
Haubet.	Foucques.
P. Menoire.	Jacques Boisson.
5 mai 1707 Mercier.	5 mai 1713. Menoire.
G. Dumas.	Brivazac.
Baudouin.	Castaing.
5 mai 1708. M. Bensse.	5 mai 1714. Marchandon.
D. Denis.	G. Massieu.
Roux.	Arquyer.
5 mai 1709. Saige.	5 mai 1715. Chaumeton.
Dumas.	Massieu.
J. Grateloup.	Minvielle.
5 mai 1710. Aquart.	5 mai 1716. Cholet.
J. Lamy.	Ribail.
Saineric.	N. Bensse.

(1) Voir dans l'*Instruction générale* un mémoire de 1722 et la décision d'Amelot, du 7 janvier 1723; cette décision est en manuscrit dans la liasse C. 4303. — Cf. la délibération du 28 décembre 1724 (C. 4252), les pièces relatives à la prétention de Kater en 1757-1759, rejetée par Tourny (C. 1611, 1622, 4417, et Communay, *Les grands négociants bordelais*, p. 58, note), le dossier concernant une prétention analogue formulée par Testart fils en 1777 (C. 4338), et divers documents concernant cette affaire : 29 et 30 avril 1778 (C. 4257); 6, 7 et 9 juillet 1778 (C. 4258); 8 juillet 1778 (C. 4265).

(2) 2 juin et 1er juillet 1779 (C. 4258) : 5 juin 1779 (C. 4265). — Cf. 11 juillet 1780 (C. 300).

MM.

5 mai 1717. P. Brunaud.
A. Peyronnet.
Gautier.
5 mai 1718. Billate.
Rozier.
Fauge.
5 mai 1719. F. Dubergier.
Brisson.
Cousin.
5 mai 1720. Comin.
J. Jung.
Bartarez.
5 mai 1721. Dumas.
Dubergier.
Poncet.
5 mai 1722. Haubet.
Gibert.
Carton.
5 mai 1723. Joseph Grateloup.
Pierre Roma.
Jacques Lée.
5 mai 1724. Jacques Lamy.
Antoine Dubergier.
Louis-François Lamalofie
5 mai 1725. Thadée Saineric.
Pierre de Kater.
Gabriel Partarrieu.
5 mai 1726. Joly-Isaac Bonneau.
Nicolas Roche.
Nicolas Ferayre.
5 mai 1727. François Fouques.
Raymond Dubergier.
André Crozilhac.
5 mai 1728. Michel Castaing.
Pierre Saineric.
Gabriel Touges.
5 mai 1729. Raymond Arquyer.
Richard de Meyère.
Jean Decoud.
5 mai 1730. Bertrand Massieu.
Jean Menoire.
François-Paul Baulos.
5 mai 1731. Ribail.
Castaing fils.
Saintmartin.

MM.

5 mai 1732. Nicolas Bensse.
Jean-Pierre Brunaud.
Jean Rulleau.
5 mai 1733. Antoine Gautier.
Jean Roche.
Simon Miramond.
5 mai 1734. Jean-Guillaume Bartarez.
Pierre-François Roudes.
Dominique St-Aignan.
5 mai 1735. Antoine Dubergier.
Pierre Billatte.
Jean Ollé.
5 mai 1736. Clément Dubergier.
Guy Cholet.
Philippe Dississarry.
5 mai 1737. Pierre de Kater.
Jean Lafore.
Jean-Baptiste Barbeguière
5 mai 1738. Nicolas Ferayre.
André Barreyre.
Jacques Agard.
5 mai 1739. Raymond Dubergier.
Jean Treilhes.
Pierre-Stanislas Dirouard
5 mai 1740. André Crozilhac.
Claude Mercié.
Jean Pérés-Duvivier.
5 mai 1741. Pierre-Noël Saineric.
Alexis Dubergier.
Guillaume Pascaud.
5 mai 1742. Gabriel Touges.
Jean Grateloup cadet.
Jean-Baptiste Poncet.
5 mai 1743. Decoud.
A. Saige cadet.
Louis Poncet.
5 mai 1744. Jean Menoire.
Jean Carton.
Étienne Cauvy.
5 mai 1745. François-Paul Baulos.
Pierre Dubergier.
Gabriel Pery.
5 mai 1746. Arnaud Castaing.
Louis Combelle.
Barthélemy Ferran.

MM.

5 mai 1747. Jean Saintmartin.
Élias Brunaud.
Guillaume Jarreau.
5 mai 1748. Jean Brunaud.
Jean Rulleau.
Raymond Vignes.
5 mai 1749. Jean Rulleau.
Jean Jung.
Jean Dupin.
5 mai 1750. Jean Roche.
Raymond Dubergier fils.
Nicolas Beaujon.
5 mai 1751. Simon Miramond.
Jean-Valentin Quin.
Michel Decamps.
mai 1752. Pierre Billalte.
Jean-Baptiste Thibaut.
Jacques Dudevant.
5 mai 1753. Jean Ollé.
Raymond St-Aignan fils.
François Lafon.
5 mai 1754. Guy Cholet.
Jean-Baptiste Launestrie.
Pierre Decasse.
5 mai 1755. Philippe Dississarry.
Pierre Agard.
Antoine Seguy.
5 mai 1756. Jean Lafore.
Pierre-Joseph Menoire.
Louis Pourcin.
5 mai 1757. André Barreyre.
Pierre Penne.
Jean Jaure jeune.
5 mai 1758. Stanislas Dirouard.
Jean Castaing.
Martin Duffour.
5 mai 1759. Alexis Dubergier.
François Lartigue.
Philippe-Julien Feger aîné
5 mai 1760. Jean Grateloup.
Guillaume Lafargue.
Christophe Caila.
5 mai 1761. P. Dubergier.
Bonaventure Journu.
Faure-Lacaussade.

MM.

5 mai 1762. Gabriel Pery.
François de Kater.
Joseph Bérard.
5 mai 1763. Louis Poncet.
Jean Faurie.
Pierre Gaubert.
5 mai 1764. Élias Brunaud.
Pierre Dutasta.
Marc Granié.
5 mai 1765. Guillaume Jarreau.
Pierre Menoire.
Jean-Baptiste Journu.
5 mai 1766. Jean Rulleau.
Denis Maccarthy.
Antoine Dubergier jeune.
5 mai 1767. Raymond Vignes.
Jean Brunaud fils aîné.
François Farrouilh.
5 mai 1768. Jean-Baptiste Thibaut.
Pierre Chicou.
Jacques Le Tellier.
5 mai 1769. Pierre Agard.
Jean Dutasta.
André Aquart.
5 mai 1770. Pierre-Joseph Menoire aîné
Jean Mercié.
J. V. Chicou-Bourbon.
5 mai 1771. Jean Jaure.
Jean Ferrière.
Jacques Raby.
5 mai 1772. Jean Castaing.
Mathieu Dirouard.
Jean Latuilière.
5 mai 1773. Martin Duffour.
Pierre Boyer-Fonfréde.
Jean-Raymond Letellier.
5 mai 1774. Guillaume Lafargue.
Aman Bäas.
Pierre Cabesse.
5 mai 1775. Bonaventure Journu.
Jean-Charles Brunaud.
Joseph Gaschet-Delisle.
5 mai 1776. Jean-Antoine Lacaussade.
Jean-Baptiste Lafargue fils
Jean-Valentin O'Quin.

MM.

5 mai 1777. Pierre Gaubert.
Bernard Journu-Auber.
Basile Brun.
5 mai 1778. Pierre Menoire.
Richard de Meyère.
François Feger de Kerhuel
5 mai 1779. Jean-Baptiste Journu.
Louis Testart fils.
François Seignouret.
5 mai 1780. Pierre Chicou.
Guillaume Peychaud.
Arnaud Lavaud aîné.
5 mai 1781. Bertrand-Jacques Le Tellier.
Nicolas Pérès-Duvivier.
Sébastien Candau,
5 mai 1782. Antoine Dubergier.
Pierre-Benoît Chicou-Bourbon fils.
Louis-Hyacinthe Duplevant
5 mai 1783. André Aquart.
André Crozilhac.
Hippolyte-Jean Grignet.
5 mai 1784. Jean Brunaud aîné.
Jacques-Barthélemy Gramont de Castera.
Guillaume Louvrié.

MM.

5 mai 1785. Jean Dutasta.
Hugues Vignes.
Pierre Loriague.
5 mai 1786. Jean Mercié.
Antoine Journu de Saint-Magne.
Jacques-Bruno, Lafite Dupont.
5 mai 1787. Jean-Vincent Chicou-Bourbon père.
Jean Béchade-Casaux.
Daniel Maccarthy.
5 mai 1788. Jean Ferrière.
Bernard Marchand.
Antoine Gaubert.
5 mai 1789. Jean Latuilière.
Alexis Testart de Grosval.
Pierre-Antoine Seignouret
5 mai 1790. Jean-Raymond Le Tellier
Antonin Bounin.
Daniel Lys.
5 mai 1791. Jean-Charles Brunaud.
Jean Maccarthy.
Daniel-François Dommenget.

III. — LISTE DES DIRECTEURS DU COMMERCE DE GUIENNE.

MM.

4 juill. 1705. Massieu.
Barreyre.
Roche.
Ribail.
Billate.
Saige.
1er mai 1706. Bechon.
Aquart.
Marchandon.
1er mai 1707. Lafosse.
Lamare.
Parlarrieu.

MM.

1er mai 1708. Piffon.
Marchandon jeune.
Billate jeune.
1er mai 1709. Chaumeton.
Bensse.
Roziers.
1er mai 1710. Reymond.
Cholet.
Brunaud.
1er mai 1711. Dubergier jeune.
David.
Commin.

MM.	MM.
1er mai 1712. Haubet.	1er mai 1726. Brunaud.
Sainerie.	Carton.
Grateloup.	Lée (1).
1er mai 1713. Fouques.	1er mai 1727. Massieu jeune.
Saige.	Lamaletie.
Dumas jeune.	De Kater.
1er mai 1714. Billate aîné.	1er mai 1728. Ribail.
Menoire.	Raymond Dubergier.
Bonneau.	Roche.
1er mai 1715. Marchandon aîné.	1er mai 1729. Castaing.
Lamothe.	Sainerie fils.
Fouques.	Ferrayre.
1er mai 1716. Roche.	1er mai 1730. Gautier.
Lamy.	Rozier.
Brivazac.	Crozilhac.
1er mai 1717. Piffon.	1er mai 1731. Foucques.
Billate jeune.	Touges.
Massieu aîné.	Menoire.
1er mai 1718. Cholet.	1er mai 1732. Roma (2).
Brunaud.	Meyère.
Castaing.	Castaing.
1er mai 1719. Reymond.	1er mai 1733. Decoud.
Massieu jeune.	Brunaud fils.
Ribail fils.	Ollé.
1er mai 1720. Bense.	1er mai 1734. Clément Dubergier.
Arquier.	Roche fils.
Peyronnet.	Treilles.
1er mai 1721. Gautier.	1er mai 1735. Raulos.
Rosier.	Roudes.
Brisson.	Barbeguière.
1er mai 1722. Partarrieu.	1er mai 1736. Antoine Dubergier.
Minvielle.	Billate.
Fange.	Dirouard.
1er mai 1723. François Fouques.	1er mai 1737. Raymond Dubergier.
Jollis Bonneau.	Cholet.
Jung.	Pascaud.
1er mai 1724. Grateloup.	1er mai 1738. De Kater.
Cousin.	Lafore.
Roma.	Claude Mercier.
1er mai 1725. Lamy.	1er mai 1739. Sainerie.
Bartarés.	Barreyre.
Clément Dubergier.	Pierre Gorsse.

(1) Le 16 novembre, élection de M. Antoine Dubergier à la place de M. Lée.

(2) Le 6 décembre, élection de M. Jacques Féger à la place de M. Roma, décédé.

MM.	MM.
1er mai 1740. Saint Martin.	1er mai 1753. Alexis Dubergier.
Bulleau.	J.-B. Thibaut.
Jung.	Barreyre.
1er mai 1741. Crozilhac.	1er mai 1754. Pierre de Kater.
Miramond.	Jean Menoire.
Cauvy.	François Lartigue.
1er mai 1742. Castaing fils.	1er mai 1755. Pery.
Dubergier fils.	Jarreau.
Clock père (1).	Raymond Lassus.
1er mai 1743. Roche.	1er mai 1756. Dirouard.
Grateloup.	Raymond Vignes.
Perry.	Féger.
1er mai 1744. Jean Ollé.	1er mai 1757. Pierre Dubergier.
Armand Saige.	Pierre Agard.
Pierre Decasse aîné.	De Kater fils aîné.
1er mai 1745. Menoire.	1er mai 1758. Lafore.
Carton.	Menoire aîné.
Jarreau.	Barthélemy Latton.
1er mai 1746. Dirouard.	1er mai 1759. Louis Combelle.
P. Dubergier.	Élias Brunaud.
Raymond Vignes.	Bonaventure Journu.
1er mai 1747. Billate.	1er mai 1760. Raymond Dubergier.
L. Combelle.	Jean Castaing jeune.
Salis (2).	Jean-Vincent Batauchon
1er mai 1748. Lafore.	1er mai 1761. Grateloup.
Élias Brunaud.	Lamestrie.
Beaujon.	Dutasta.
1er mai 1749. Brunaud aîné.	1er mai 1762. R. Dubergier.
Bulleau fils.	Guil. Lafargue.
Quin aîné.	François Farrouilh.
1er mai 1750. Antoine Dubergier.	1er mai 1763. Martin Duffour.
Barbeguière.	Faure-Lacaussade.
Marchais.	J.-B. Journu.
1er mai 1751. Roche,	1er mai 1764. Roche.
Raymond Dubergier fils.	Berard.
François Donnere.	René Blancan.
1er mai 1752. Pérès-Duvivier.	1er mai 1765. François Lartigue.
Louis Poncet.	Caila.
Lamestrie (3).	Constantin Dubergier.

(1) Le 19 mai, élection de M. Blaise Jandreau à la place de M. Clock père, démissionnaire. — Le 11 juin, élection de M. Jean Farrouilh.

(2) Sur le refus de M. Salis d'occuper les fonctions de directeur, M. P. Dubergier fut élu à sa place le 1er mai 1748.

(3) Nomination pour un an de M. Antoine Dubergier à la place de M. Donnere, qui ne s'est pas présenté à la Chambre.

<table>
<tr><td valign="top">

MM.

1er mai 1766. Pecy.
    Agard.
    Chicou-Fonroque.
1er mai 1767. Rulleau.
    Pierre Menoire.
    Jean Dutasta.
1er mai 1768. Pierre Dubergier.
    Vignes.
    Latour-Féger.
1er mai 1769. Louis Poncet.
    Brunaud fils aîné.
    Ferrière.
1er mai 1770. Antoine Dubergier jeune
    Letellier fils aîné.
    Latuilière.
1er mai 1771. Pierre-Joseph Menoire.
    André Aquart.
    Boyer Fonfrède.
1er mai 1772. Jaure jeune.
    J. Mercié.
    Baïs.
1er mai 1773. Bonaventure Journu.
    Raby.
    Gaschet-Delisle.
1er mai 1774. Martin Daffour.
    Mathieu Dirouard.
    J.-B. Lafargue.
1er mai 1775. Gme Lafargue.
    J.-B. Letellier.
    Bernard Journu fils aîné
1er mai 1776. Jean Dutasta.
    Pierre Gabesse.
    Richard de Meyère.
1er mai 1777. Lacaussade.
    Jean-Charles Brunaud.
    Testard fils.
1er mai 1778. Guil, Jarreau.
    Jean-Valentin Qnin.
    G. Peychaud.

</td><td valign="top">

MM.

1er mai 1779. Pierre Menoire.
    Brunaud fils aîné.
    Pérès-Duvivier.
1er mai 1780. J.-B. Journu.
    Féger de Kerhuel.
    Jacynthe Dudevant fils.
1er mai 1781. Pierre Chicou.
    François Seignouret.
    Grignet.
1er mai 1782. Letellier aîné.
    A. Lavaud.
    Gramont de Castera.
1er mai 1783. Antoine Dubergier jeune
    Sébastien Candau.
    Vignes neveu.
1er mai 1784. André Aquart.
    P.-B. Chicou-Bourben.
    Auguste Journu.
1er mai 1785. Charles Brunaud.
    A. Crozilhac.
    Lemesle.
1er mai 1786. Dutasta.
    Louvrié.
    Marchand.
1er mai 1787. Mercié.
    Loriague.
    Testart Grosval.
1er mai 1788. Brunaud aîné.
    B. Lafite-Dupont.
    Paul Nairac.
1er mai 1789. Ferrière.
    Béchade-Casaux.
    Courrejoles.
1er mai 1790. Journu-Auber.
    Maccarthy neveu.
    Ducos père.
12 mai 1791. Prorogation des pouvoirs
    des directeurs précé-
    demment élus.

</td></tr>
</table>

CHAPITRE II

L'organisation de la Chambre *(Suite et fin)*.

I. — Les auxiliaires : convocations de négociants ; secrétaires ; collaborateurs bénévoles ; fonctionnement et commissions.

II. — Députés ordinaires du commerce : énumération ; leurs appointements : leurs rapports avec la Chambre.

III — Les délégués du commerce : les diverses délégations.

I. — LES AUXILIAIRES.

Il arrivait assez fréquemment que la Chambre appelait à ses délibérations des personnes qui lui étaient étrangères. Les convocations de ce genre s'imposaient quand il fallait notifier à une catégorie de négociants un document qui les concernait, ou bien lorsqu'il s'agissait de pressentir le commerce sur ses dispositions (¹) et de prendre des engagements en son nom (²). On conçoit les garanties que présentait pour la Chambre l'adjonction des anciens directeurs, quand les traditions de la maison et son organisation intérieure étaient en jeu. De plus, certains commerçants occupaient sur la place une situation à ce point prépondérante qu'il n'était guère possible que la Chambre prît en dehors d'eux une décision de quelque importance. Tourny, après avoir éprouvé des difficultés pour faire accepter une taxe nouvelle, emporta l'adhésion des négociants quand il eut amené à ses vues « une quinzaine des meilleures testes d'entre eux » (³). Moins encore que les Intendants, la Chambre pouvait se passer du concours

(¹) 25 novembre 1775 (C. 4257). — 7 juillet 1778 (C. 4258).
(²) 11 juillet 1720 (C. 4267).
(³) 23 février 1745. L'Intendant au Contrôleur général (C. 1610).

des « meilleures testes » du négoce bordelais : elle ne manquait pas de s'éclairer de leur expérience et surtout de s'étayer de leur autorité, quand elle se trouvait aux prises avec une affaire délicate (¹). Il serait sans intérêt d'énumérer les assemblées des Anciens ou du commerce, qui, vers la fin de l'existence de la Chambre, devinrent, semble-t-il, de plus en plus fréquentes.

Suivant l'article 13 de l'arrêt du Conseil de 1705, la Chambre nommait son secrétaire, qui était un employé appointé par elle. Jean Minvielle remplit ces fonctions de 1705 à 1709 (²); Pierre Saubert, de 1709 à 1728 (³); Pierre Crozilhac, de 1728 à 1741. Le 17 août de cette dernière année, la Chambre donna la survivance de cette charge à Gérard Crozilhac, fils aîné du précédent, qui resta en place quarante-deux ans; en 1784, il adressa une requête véritablement touchante à la Chambre, pour la prier de le laisser se retirer à cause de son âge et de ses infirmités (⁴).

Il paraît que ces secrétaires ne plaisaient pas outre mesure à l'administration, qui les trouvait inférieurs à leur tâche, ou qui plutôt se faisait de leurs fonctions une idée différente : elle aurait voulu que le secrétaire fût un ancien directeur, chargé de maintenir dans ce corps électif, soumis à de fréquents renouvellements, la jurisprudence établie et les traditions (⁵). La Chambre s'inspira en partie de ces idées dans le choix du successeur de Crozilhac : Maigné était un avocat au Parlement, et on

(¹) Cf. Garnault, *Le commerce rochelais*, t. 1, p. 217.
(²) 25 mars 1709 (C. 4251).
(³) 17 juin 1728 (C. 4253).
(⁴) 12 février 1784 (C. 4258). Voir à la fin du volume de l'inventaire parmi les documents publiés *in extenso*.
(⁵) 22 mai 1761 (C. 1611).

lui donna dès l'abord des preuves d'une considération
particulière en élevant le traitement attaché à ses fonctions de 500 à 1,000 livres (¹); ce chiffre fut porté à
1,600 livres en 1786 (²), et à 2,400 livres en 1789 (³).
On adjoignit à Maigné un commis au secrétariat, qui reçut
d'abord 500 livres (⁴), puis 1,000 livres (⁵).

Quoi que pût en penser l'administration, le secrétaire
était pour la Chambre moins un employé qu'un collaborateur; il signait quantité de pièces, notamment
jusqu'en 1784 des lettres au député (⁶). Il fut même
chargé, dans les derniers temps, de rapporter certaines
affaires (⁷).

Je me serais borné à signaler le concierge de la Chambre, si je ne trouvais pas dans les pièces de comptabilité
les traces de la bienveillance que les directeurs appor-
taient dans leurs relations avec ce serviteur. Le concierge
ne recevait, il est vrai, de ce chef qu'une allocation
annuelle de 30 livres; cela ne l'empêchait pas d'avoir
habituellement une domestique, à qui des étrennes
étaient accordées; en 1708, le trésorier fut autorisé à
donner 15 livres à cette fille « pour l'aider à se marier ».

En dehors du personnel et des collaborateurs attitrés,
la Chambre trouvait des aides bénévoles. Je ne puis dire
si elle avait un conseil; la seule mention que j'aie relevée
du « conseil de la maison » a trait à une invitation à
dîner (⁸); il est bien possible que Mᵉ Duranteau, à qui

(¹) 12 février 1784 (C. 4258).
(²) 27 avril 1786 (C. 4258).
(³) 29 mai 1788 (C. 4258).
(⁴) 23 décembre 1784 (C. 4258).
(⁵) 25 juin 1789 (C. 4259).
(⁶) 2 septembre 1784 (C. 4258).
(⁷) 5 janvier 1791 (C. 4259).
(⁸) 28 janvier 1779 (C. 4258).

cette invitation était adressée, assistât la juridiction consulaire et non la Chambre.

Parmi les collaborateurs officieux, deux se sont surtout distingués par un zèle parfois indiscret : Lamothe et Paul Nairac. Lamothe était courtier; du moins il en avait le titre, car il ne faisait « auq'une espèce de courtage » (1), ce qui lui laissait tout le temps de s'entremettre dans la direction des affaires commerciales; il en éprouva quelques désagréments (2). Nairac était un esprit autrement trempé, plus précis et plus pratique : il avait l'ambition fort légitime de prendre part aux travaux de la Chambre, et comme on le tint longtemps à l'écart pour sa religion, il fut réduit à des démarches personnelles, qui n'agréaient pas toujours aux représentants officiels du négoce (3). Du jour où il fut à Paris comme député à l'Assemblée nationale, Nairac put donner libre cours à son activité, et il en vint rapidement à supplanter le député du commerce (4).

Ainsi organisée, la Chambre fixait chaque année, dès la première séance qui suivait les élections, les détails de son fonctionnement. Elle tenait une séance ordinaire par semaine; mais les séances extraordinaires se suivaient à des intervalles rapprochés quand les conjonctures étaient graves ou les esprits agités. Par contre, les travaux étaient suspendus au moment des vendanges; ces vacances, qui duraient deux à trois mois, étaient très rarement différées (5).

(1) Note de l'Intendant (C. 1620).

(2) 7 août et 23 septembre 1737. Mégret de Sérilly à l'Intendant, et réponse (C. 1631). — Cf. 1736 (C. 4303).

(3) 29 avril 1786 (C. 4258). — 28 juillet 1787 (C. 4337). — Sur Nairac et sa famille, voy. Communay, *Les grands négociants bordelais*, p. 73-75, et une étude de M. Gaullieur dans le *Bulletin municipal officiel de la Ville de Bordeaux*, du 16 mars 1892.

(4) Par ex.: 30 juillet, 6 août et 12 novembre 1789 (C. 4259).

(5) 6 septembre 1787 (C. 4258).

Il arriva que la Chambre confia certains travaux à des commissions (¹); mais elle ne recourut guère à cet expédient : d'une façon générale, la Chambre retenait les affaires, à moins qu'elle ne fût dans la nécessité de faire appel à des spécialistes, pilotes, capitaines, etc., et elle nommait un rapporteur (²). En 1789, un comité de rédaction fut choisi, partie en dehors de la Chambre, pour correspondre avec les députés extraordinaires du commerce près l'Assemblée nationale (³); ce Comité annihila la Chambre, qui n'était plus, quand elle fut supprimée, qu'un corps sans autorité et sans attributions définies.

II. — LES DÉPUTÉS ORDINAIRES DU COMMERCE.

L'institution (⁴) des députés du commerce est antérieure à celle des Chambres; ils concouraient à former auprès du souverain un Conseil de commerce, qui fut créé le 29 juin 1700 (⁵). Le député de Bordeaux, Fénelon, fut élu à l'Hôtel de Ville le 11 août suivant; son mandat, qui était d'un an, fut renouvelé en 1703, à la demande du Contrôleur général (⁶). En 1705, Fénelon obtint des lettres d'anoblissement (⁷). Chargé, en 1713, de se rendre

(¹) C. 4418.

(²) Un projet de l'Intendant pour la création d'une commission permanente de rédaction paraît ne pas avoir été suivi d'effet (26 septembre 1787, C. 4259).

(³) 22 août 1789 (C. 4259).

(⁴) Il a paru dans les *Actes de l'Académie de Bordeaux*, de 1889, p. 277-466, une *Histoire des députés de Bordeaux au Conseil du commerce, au Comité national et à l'Agence commerciale à Paris, 1700-1793*, par M. V. Labraque-Bordenave. Dans cette longue et consciencieuse étude, M. Labraque-Bordenave, dont j'ai le regret de ne pouvoir partager toutes les conclusions, a réuni nombre de faits relatifs à la vie commerciale de la ville pendant le XVIIIᵉ siècle.

(⁵) Voir le texte dans Foulon, *La représentation légale du commerce en France*, p. 46-48.

(⁶) Malvezin, *Histoire du commerce de Bordeaux*, t. III, p. 15.

(⁷) Publiées par Communay, *Les grands négociants bordelais*, p. 53-54.

à Londres pour les négociations commerciales préparatoires du traité de paix [1], il rentra sans être parvenu à ses fins [2]. Vers 1718, Fénelon s'adonna aux opérations financières; ses fonctions à la Banque royale l'absorbant, il fut relevé au Conseil de commerce [3].

Le 9 janvier 1719, Billate fut choisi pour le remplacer [4]; à peine arrivé à Paris, il eut avec son prédécesseur, au sujet de la remise des archives du service, des difficultés regrettables [5]. Billate, qui reçut en 1720 mission de collaborer à une convention commerciale avec l'Espagne [6], manifesta, en 1723, l'intention de résigner son mandat, à cause de son grand âge et de son état de santé [7]. La Chambre insista pour qu'il revînt sur sa détermination [8]. Tombé malade à Bordeaux d' « une hydropisie formée dans la poitrine » [9], Billate mourut au mois de décembre 1725 [10].

Son remplacement donna lieu à des modifications dans le régime des élections du député. L'administration, restreignant le pouvoir du commerce, décida que celui-ci ne pourrait plus à l'avenir que désigner trois candidats, parmi lesquels le gouvernement ferait un choix; les remontrances de la Chambre [11] furent inutiles : l'Intendant accueillit les réclamations des délégués et promit

[1] 11 février 1713 (C. 4261).
[2] 8 novembre 1714 (C. 4251).
[3] 16 février 1719 (C. 4252).
[4] 10 janvier 1719 (C. 4261). - 12 janvier 1719 (C. 4252). — Il prit séance le 19 avril (Délibération du Conseil royal de commerce. D'après l'Inventaire).
[5] 6, 16 et 20 mai et 2 décembre 1719 (C. 4261).
[6] 11 avril 1720 (C. 4252).
[7] 20 mai et 15 juin 1723 (C. 4303).
[8] 8 juin 1723 (C. 4261).
[9] 10 décembre 1725. L'Intendant à Le Peletier des Forts (C. 1626).
[10] 18 décembre 1725. Lettre de ses filles au Contrôleur général (C. 1626).
[11] 17 janvier 1726 (C. 4252).

d'en écrire au Contrôleur général (¹); toutefois une lettre de lui au Ministre, qui est peut-être antérieure à cet engagement (²), est contraire à la demande de la Chambre. Les jurats prièrent qu'on dispensât Bordeaux d'avoir un député ; mais le Roi rejeta leur requête (³), et l'élection des trois candidats se fit à l'Hôtel de Ville le 21 mars (⁴). Les procès-verbaux qui nous sont parvenus de cette élection et des deux suivantes font connaître, avec le nom de chacun des électeurs, les trois candidats pour lesquels il a voté. Dès le 22 mars, l'Intendant envoyait au Contrôleur général ses notes sur les trois négociants les plus favorisés : il écartait Lée, un jeune intrigant, protégé du duc de Brunswick (⁵) et qui avait « remué toute la ville », et il se prononçait en faveur de Bonneau (⁶); ce fut sur Brisson que tomba le choix du Roi (⁷). En 1731, Brisson était atteint d'hémiplégie; « sa tête, » écrivait l'Intendant, « a beaucoup souffert de cet accident (⁸). »

Orry pria donc Brisson de lui remettre sa démission, et, puisque les jurats avaient manifesté le désir de ne plus avoir de député à payer, le Ministre était, disait-il, disposé à charger des affaires de Bordeaux Laborde, député de Bayonne; il invita l'Intendant à pressentir sur cette combinaison les négociants (⁹). Ce fut un beau concert de récriminations : la jurade, qui réclamait la

---

(¹) 24 janvier 1726 *(Ibid.)*.

(²) 18 janvier 1726 (C. 1626).

(³) 8 mars 1726. Le Contrôleur général à l'Intendant (C. 1626).

(⁴) C. 1611.

(⁵) 14 janvier 1726. Le maréchal de Brunswick à l'Intendant (C. 1626). — Le 11 février, l'Intendant répond que Lée n'est « nullement propre à cet emploi » *(Ibid.)*.

(⁶) C. 1626.

(⁷) 12 avril 1726. Le Contrôleur général à l'Intendant (C. 1626). — La Chambre envoya féliciter Brisson le 20 avril (C. 4252), et celui-ci partit le 25 novembre pour rejoindre son poste (23 et 30 novembre, C. 4262).

(⁸) 25 novembre 1731 (C. 1625).

(⁹) 26 novembre 1731 (C. 1629).

suppression de la députation, en appela le maintien de ses vœux les plus énergiques (¹); c'était apparemment ce que voulait l'administration : Orry autorisa les élections (²), qui eurent lieu le 15 mai 1732 (³). Le rapport de l'Intendant sur les élus, daté du 19, est très flatteur pour les trois, en particulier pour Larcebaut (⁴); le Roi nomma Carton (⁵), qui resta en place jusqu'à sa mort, survenue en 1750.

Du scrutin du 9 mai 1750 sortirent les noms de Brunaud, de Roche et de Castaing; l'Intendant aurait préféré le premier, pour son expérience et pour l'autorité que lui donnait le succès de ses affaires commerciales (⁶); c'était d'ailleurs celui des trois qui avait obtenu le plus de voix; le Roi se décida pour Castaing, qui en avait obtenu le moins (⁷).

(¹) 7 et 13 décembre 1731 (C. 4253 et 1620). — Cf. 12 janvier 1732 (C. 4262).

(²) 31 mars 1732. Lettre à l'Intendant (C. 1611). — Dans cette lettre, Orry exigeait que le sr Clock fût l'un des candidats désignés pour la députation; l'Intendant répondait, dès le 11 avril, en donnant des renseignements défavorables sur ce jeune homme, et le Ministre en le remerciant, le 17, se ralliait à son avis (C. 1611). Il m'a été impossible de découvrir ce qui a pu induire M. Labraque-Bordenave, qui connaissait la lettre de l'Intendant, à prêter à celui-ci le dessein de faire élire Clock. — On voit quelle place le cosmopolitisme tenait alors à Bordeaux : Lée était irlandais d'origine; le père de Clock était étranger.

(³) C. 1611.

(⁴) *Ibid.*

(⁵) 1ᵉʳ juin 1732. Lettre d'Orry à l'Intendant (C. 1620). — La Chambre connut l'élection le 5 juin (C. 4253). — Carton siégea pour la première fois le 17 juillet (Délibérations du Conseil royal de commerce. D'après l'inventaire).

(⁶) 12 mai 1750. Lettre de Trudaine (C. 1611. Publiée par M. Labraque-Bordenave, *op. cit.*, p. 335).

(⁷) La Chambre apprit cette nomination le 16 juillet (C. 4255). — Castaing fut admis au Conseil le 18 février 1751 (Délibérations du Conseil royal de commerce. D'après l'inventaire). — L'Intendant eut à se défendre contre l'intervention de Phelypeaux, qui s'intéressait à la nomination du sr Trouvé (26 avril 1750, C. 1622). Mais l'Intendant était alors Tourny, qui n'était pas homme à s'émouvoir pour si peu et qui répondit très nettement que cette nomination n'était pas possible (*Ibid*). — Beaujon brigua, en 1750, la succession de Carton; il obtint quelques voix. A cette

La mort de Castaing fut notifiée à la Chambre le 14 avril 1763 (¹); neuf jours après, l'assemblée électorale, réunie à l'Hôtel de Ville, nommait MM. Roche, Lafore et Raymond Dubergier (²); celui-ci l'emporta auprès du souverain (³) et fut le dernier député ordinaire du commerce de Bordeaux. Sa santé, qui ne paraît pas avoir été jamais très forte, s'affaiblit vers 1783; Dubergier fit en 1783-1784 un long séjour à Bordeaux, et fut de nouveau malade en 1785 (⁴). Dans les derniers temps, ses relations épistolaires avec la Chambre devinrent de plus en plus rares; le commerce lui retira son mandat en juillet 1790 (⁵), et Dubergier rentra peu après (⁶).

La Chambre n'existant pas au moment où le Conseil du commerce fut institué, c'est sur le budget de la Ville qu'étaient pris les honoraires du député; il y avait là une anomalie, qui persista au détriment des intérêts du négoce. En 1700, on avait attribué 2,000 livres à Fénelon pour les frais de sa mission (⁷); plus tard, cette allocation fut convertie en une rétribution annuelle de 6,000 livres. Or, en 1709, la Ville refusant de payer au député les 12,000 livres qu'elle lui devait (⁸), celui-ci s'était retiré; il fallut que l'Intendant intervînt auprès des jurats pour

occasion, Beaujon présenta une requête dans laquelle il prétend être l'un des trois candidats désignés et fait valoir ses titres au choix du gouvernement (C. 1611. Publiée par M. Labraque-Bordenave, *op. cit.*, p. 337-339). Sans doute cette requête avait été rédigée et expédiée avant l'élection, puisque les résultats furent défavorables à Beaujon.

(¹) C. 4256.

(²) C. 1611.

(³) La Chambre le fit féliciter de sa nomination le 14 juin et lui souhaita un bon voyage le 7 septembre (C. 4256).

(⁴) 14 juin 1785 (C. 4352).

(⁵) 20 juillet 1790 (C. 4438). — 24 juillet 1790 (C. 4259).

(⁶) 12 août 1790 (C. 4259).

(⁷) Malvezin. *loc. cit.*

(⁸) C'est précisément cette année que Fénelon fut l'objet d'une tentative de corruption (24 mars 1709). C. 4301).

avoir raison de leur résistance [1]. L'indemnité fut augmentée plus tard successivement jusqu'à 9,000 et 12,000 livres [2].

Ces chiffres n'avaient rien d'excessif : on sait quelles dépenses entraînaient le séjour à Paris et la fréquentation d'une cour follement luxueuse. A l'exception de Fénelon, qui sut soigner ses intérêts, les députés paraissent avoir entamé leur fortune dans leur mission : quand survint la mort de Billate, ses quatre filles, « plus que majeures, » furent réduites à dépeindre au Contrôleur général leur « indigence affreuse » [3]. Castaing, plus tard, formula des plaintes [4] auxquelles la Chambre répondit en lui attribuant une bourse de jetons tous les ans [5]; Castaing dut être non moins sensible à l'attention que la Chambre eut un jour de lui faire remettre une gratification de 25 à 30 louis [6]. C'était d'ailleurs bien peu pour réparer la brèche que Castaing avait faite à son patrimoine, quoiqu'il fût célibataire et, parait-il, très rangé.

Ces détails ne sont pas sans quelque portée : sans doute, les députés trouvaient dans leurs fonctions une satisfaction pour leur amour-propre; il ne faut pas moins leur savoir gré d'avoir sacrifié au public leurs intérêts, parfois même leur aisance et l'avenir de leurs enfants [7]. Ils appartenaient bien à cette génération frivole et vaniteuse, mais généreuse et dévouée, souvent jusqu'à l'abnégation.

[1] 9 novembre 1709. Des Maretz à l'Intendant (C. 1643. Publiée dans Communay, op. cit., p. 54, note 1.)

[2] 13 février 1768 : Dubergier à l'Intendant. 4 avril : De Laverdy à l'Intendant. 11 avril : délibération de la Municipalité. 19 avril : l'Intendant à Dubergier (C. 1611).

[3] 16 décembre 1725 (C. 1626). — Cf. la lettre d'envoi à l'Intendant du 4 janvier 1726 (Ibid.).

[4] 4 et 25 décembre 1753 (C. 4315).

[5] 13 décembre 1753 (C. 4255).

[6] 29 avril 1762 (C. 4256). — Comptes de 1761-1762 (C. 4420).

[7] Cf. Garnault, Le commerce rochelais, t. I, p. 161 et suiv.

La situation des députés à l'égard de la Chambre était très mal définie : ce n'était pas d'elle qu'ils dépendaient (¹); ils sollicitaient, par exemple, leurs congés de l'administration (²). A plusieurs reprises, la Chambre tenta de faire d'eux des agents d'information (³); parfois ils résistèrent, et ils eurent raison; ainsi, en 1743, Carton expliqua que ses collègues et lui ne pouvaient pas défendre contre le bien public les revendications d'une province (⁴); il arriva aux députés de céder, et ce fut une faiblesse répréhensible : le Conseil du commerce ayant l'examen de questions contentieuses, il n'appartenait pas à ses membres d'aider de leurs avis l'une des parties intéressées (⁵). On peut dire néanmoins que le député était à Paris le représentant naturel de la Chambre : elle entretenait avec lui, en temps normal, une correspondance suivie et le considérait comme son délégué auprès de la Cour.

Cette indécision sur la nature et l'étendue des devoirs du député fut une première cause de conflits; il en existait nombre d'autres. La Chambre reprochait aux députés leur indifférence (⁶) : la capitale offre bien des distractions, et les questions d'affaires sont parfois si fastidieuses... Les députés se heurtaient aussi à ces difficultés de détail qu'on ne saisit pas de loin et qui usent les plus fortes volontés : c'étaient des reproches violents d'un

---

(¹) Castaing se récria contre les reproches que lui adressait la Chambre, reproches très pénibles, disait-il, pour quelqu'un « qui ne croit pas être dans la dépendance » (31 juillet 1751, C. 4313). La réponse de la Chambre est fort embarrassée (7 août 1751, C. 4283).

(²) 31 octobre 1769 (C. 4251).

(³) 25 mars 1769 (C. 4301). — 31 juillet 1751 (C. 4313). — 16 novembre 1786 (C. 4258), etc.

(⁴) 7 décembre 1743 (C. 4262). — 14 décembre 1743 (C. 4311). — Au fond c'était l'opinion de la Chambre (19 juin 1756, C. 4263).

(⁵) Par ex. : 14 décembre 1758 (C. 4256). — 27 juillet 1775 (C. 4257). — 1775 (C. 4336).

(⁶) 20 et 22 novembre 1764 (C. 4256). — 20 décembre 1777 (C. 4265). — 3 et 6 janvier 1773 (C. 4339). — 7 mars 1785 (C. 4266).

ministre (1), ou des visites répétées à des personnages
constamment invisibles, ou encore un séjour inutilement
prolongé dans les antichambres de Versailles (2). D'autre
part, les députés étaient mieux placés que les Chambres
pour prendre des événements une vue juste et précise :
ils se préoccupaient davantage de l'intérêt général du
pays et professaient sur les intérêts particuliers des
diverses places des théories moins étroites et moins
exclusives : en 1756, la guerre rendant impossible le
ravitaillement des colonies, ils proposèrent d'admettre les
neutres aux Iles ; ce fut le signal d'une levée de boucliers
de toutes les Chambres (3) ; l'événement ne tarda pas à
prouver que les députés avaient raison. A ces difficultés
multiples, il convient d'ajouter une foule de froissements,
venant soit du refus du député de prendre à la séance de
la Chambre la place qui lui était destinée (4), soit du ton
jugé insuffisamment respectueux de ses lettres (5).

Aussi les relations ne tardaient-elles pas à être tendues
entre la Chambre et le député : dans les premiers temps
qui suivaient sa nomination, celui-ci recevait des encou-
ragements (6) ; mais avant longtemps ces bonnes dispositions étaient traversées. Castaing n'était pas en place
depuis deux ans quand il lui revint que la Chambre voulait le remplacer (7). Peu après, les juge et consuls de
Saint-Malo ne trouvaient pas d'expressions assez amères

(1) 7 mars 1711 (C. 4301).
(2) 14 août 1722 (C. 4302). — 24 juin 1725 (C. 4303).
(3) 6 avril, 14 mai et 18 septembre 1756 (C. 4318 et 4319).
(4) 26 novembre 1744 (C. 4254).
(5) 7 février 1750 (C. 4263). — 3 et 24 novembre 1764 (C. 4264). —
En 1784, les députés s'attirèrent les reproches de leurs Chambres respec-
tives en soutenant le député de Paris, qui fit nommer son fils en survivance (4 septembre et 20 novembre 1784, C. 4265. Cf. Garnault, op. cit.,
t. I., p. 179).
(6) Par ex. : 13 juin 1719 (C. 4261).
(7) 20 juin 1752 (C. 4314).

pour flétrir les députés, et les accusaient de ne tenir « aux
villes de commerce que par les gages qu'ils en reti-
rent » (1). En 1756, la Chambre de Bordeaux se récriait
sur la « lâcheté » avec laquelle les députés sacrifiaient
le commerce à l'avidité des Fermiers (2). Restait, il est
vrai, la ressource des députations extraordinaires; mais
cet expédient lui-même offrait des inconvénients (3)
sérieux, et la Chambre, en un jour de tristesse, ne voyait
plus d'espoir que dans l'influence des Parlements (4).

III. — LES DÉLÉGUÉS DU COMMERCE.

Rien ne montre mieux que les délégations envoyées en
Cour combien les relations étaient parfois laborieuses entre
la Chambre et le député. Ces délégations étaient nom-
mées quand se présentait une affaire urgente ou d'une
importance particulière. Tant que les délégués étaient à
Paris, ils avaient mission de débattre non seulement la
question spéciale qui motivait leur voyage, mais aussi
les difficultés de tout ordre qui étaient pendantes (5).

En 1756, MM. Lamestrie et Jarreau furent chargés de
se rendre à la capitale pour amener le gouvernement à
interdire aux neutres le commerce dans les colonies; ils
eurent aussi à s'occuper de l'entrepôt des cafés (6). Munis
par l'Intendant d'une lettre de recommandation extrêmement flatteuse (7), accueillis avec distinction par les Mi.

---

(1) 31 août 1753 (C. 4315).
(2) 22 mai 1756 (C. 4263).
(3) 19 et 20 mars 1776 (C. 4265). — 30 mars 1776 (C. 4337).
(4) 10 mars 1764 (C. 4264). — Cf. 15 juillet 1790 (C. 4250).
(5) 20 mars 1711 (C. 4260).
(6) 8 mai 1756 (C. 4263).
(7) 20 mars 1756 (C. 1638).

nistres (1), ces délégués obtinrent assez rapidement une solution favorable (2).

En 1761, Risteau fils, directeur de la Compagnie des Indes, s'entremit pour la liquidation de la créance de la Chambre sur le Trésor, provenant de l'armement de la frégate *le Maréchal de Thomond* (3) ; il n'avait pas, semble-t-il, de mandat officiel, et il n'eut pas qu'à se louer de son zèle (4), que l'on reconnut plus tard cependant en lui attribuant une bourse de jetons (5). M. Jean Dutasta fut envoyé, en 1775, vers le ministre de la Marine, à la demande de celui-ci, pour l'informer des besoins du commerce bordelais ; sa mission fut courte et exempte de déboires (6). En 1781, MM. Lavaud et Grignet se rendirent à Paris pour plaider auprès du même ministère de la Marine la cause d'armateurs menacés d'être expropriés de leurs vaisseaux s'ils n'acceptaient pas les conditions qui leur étaient offertes pour le fret ; leurs efforts furent couronnés de succès (7). Cinq ans après, M. Ch. Lemeste, qui voyageait pour son compte, rendit à la Chambre de bons offices et obtint des concessions pour le commerce des sucres (8).

Mais de toutes les délégations de ce genre, celle qui présente le plus d'intérêt est celle de Letellier, en 1787-1788 : il s'agissait de profiter de la chute de Calonne pour obtenir la révocation du privilège de la Compagnie des

---

(1) 23 juin 1756 (C. 4256).
(2) Les frais s'élevèrent à 4,906 livres (comptes de 1755-56, C. 4421 ; 24 mars 1757, C. 4256).
(3) 26 février 1761 (C. 4256).
(4) 12 mars 1761 (C. 4256).
(5) 23 juillet 1767 (C. 4257). — 22 décembre 1767 (C. 4264).
(6) 16 novembre 1775 et 22 février 1776 (C. 4257).
(7) 8 septembre 1781 (C. 4258). — 25 décembre 1781 (C. 4265). — Diverses lettres (C. 4345).
(8) 23 mai 1786 (C. 4354).

Indes (1). Letellier, chargé de représenter dans ces négociations les intérêts de Bordeaux, partit animé d'une confiance robuste que les événements purent à peine entamer; jusqu'à l'échec final, il crut qu'il allait mander incessamment à ses concitoyens la réussite. Le député ordinaire, Dubergier, avait promis son concours à Letellier (2); mais il lui témoigna une véritable froideur (3), que la Chambre entretint en négligeant Dubergier pour correspondre exclusivement avec son rival (4). Celui-ci dut chercher ailleurs un guide, et il se confia à l'abbé Morellet. Letellier fut-il joué par l'abbé Morellet? Je n'oserais pas l'affirmer, mais je me garderais bien plus encore de le nier : la Chambre envoya à l'intrigant abbé une barrique d'excellent vin (5); elle pria Letellier de solliciter l'autorisation de faire peindre le portrait de son avocat (6); un tiers survint, qui fit entendre à Letellier que l'abbé préférait des témoignages plus pratiques de gratitude (7) et, après avoir contribué à l'impression des mémoires (8), la Chambre dut en acheter des exemplaires, sous le spécieux prétexte que Morellet avait traité avec l'éditeur (9). « Ce défenseur, » écrivait-on mélancoliquement de Bordeaux à Letellier, « ne paraît pas s'oublier (10). » Mais les envoyés des villes étaient pris d'une admiration sans bornes pour un personnage qui forçait si facilement la consigne des suisses et des valets de chambre des grands; Letellier, à

(1) 30 avril 1787 (C. 4356). — 10 mai 1787 (C. 4258). — 19 mai 1787 (C. 4266).
(2) 27 mai 1787 (C. 4357).
(3) 29 mai, 26 juin, 14 juillet et 22 décembre 1787 (C. 4357 et 4358). — 5 et 19 juin 1787 (C. 4266).
(4) C. 4266, passim. — 23 août 1787 (C. 4259). — 2 août 1788 (C. 4360).
(5) 15 janvier 1788 (C. 4266).
(6) 10 avril 1788 (C. 4259). — 15 avril 1788 (C. 4266).
(7) 29 mai 1788 (C. 4259).
(8) 23 septembre 1787 (C. 4358).
(9) 30 septembre 1787 (C. 4358).
(10) 28 juin 1788 (C. 4266).

une certaine époque, le voyait « tous les jours » (1), à moins que Morellet ne fût à la campagne, ce qui lui arrivait un peu plus souvent que de raison pour un homme aussi indispensable; un autre envoyé passait des nuits à travailler sous la direction de l'abbé (2). Letellier rentra après plus d'un an de démarches inutiles, édifié enfin sur la puissance des grandes Compagnies financières : ce fut le seul résultat de ses longues négociations; la Chambre le paya malheureusement un peu cher : la note des frais, non compris les cadeaux offerts à Morellet, montait à plus de 26,000 livres (3).

(1) 26 janvier 1788 (C. 4359.)
(2) 1er avril 1788 (C. 4359).
(3) La Bibliothèque municipale de Bordeaux possède plusieurs mémoires de Morellet. — Sur l'histoire de la Compagnie des Indes, voyez notamment l'ouvrage de M. Bonnassieux, *Les grandes compagnies de commerce*, liv. III, chap. III, 1.

CHAPITRE III

Le budget de la Chambre.

I. — Budget des recettes : origine des divers crédits ouverts au budget ordinaire et tentatives pour les accroitre ; situation financière génée de la Chambre et ressources extraordinaires.

II. — Budget des dépenses : menus frais et banquets ; médailles et jetons.

I. — Budget des recettes.

L'article 16 de l'arrêt du Conseil sur l'organisation de la Chambre enjoignait au receveur général de Guienne de payer annuellement « à celuy des directeurs de ladite Chambre qui sera nommé trésorier la somme de quatre mille quatre-vingt-six livres ordonnée par arrest du Conseil du 26 mars 1697 pour les gages annuels attribués aux corps et communautés des marchans et artisans de la ville de Bordeaux, pour les offices d'auditteurs des comptes créés par l'édit du mois de mars 1694 et réunis auxdits corps et communautés de marchans et artisans, moyénant la somme de quatre-vingt-quinze mille trois cens quatre-vingts livres de finance et les deux sols pour livre payés par lesdits corps de marchans et artisans de ladite ville de Bordeaux, suivant l'arrest du Conseil du 14 janvier 1695, pour estre ladite somme de quatre mille quatre-vingt-six livres employée aux dépenses cy-après expliquées, suivant les délibérations de ladite Chambre particulière de commerce. »

Cette somme de 4,086 l. constituait l'annuité d'une rente au denier 20, c'est-à-dire à 5 0/0, qui avait été cédée par une délibération des communautés bénéficiaires en date du 5 septembre 1704 (¹). Dès 1710, la Chambre demandait qu'on augmentât ses ressources (²); loin qu'il fût donné suite à cette démarche, la Chambre partagea le sort que les créanciers de l'État éprouvèrent à cette époque. Sans parler des pertes provenant de la diminution des espèces monnayées (³), le Trésor ne s'acquitta point de 1717 à 1721. La Chambre était obérée et elle ne payait même pas régulièrement les appointements de son secrétaire (⁴). « Nous devons déjà beaucoup, » écrivait-elle (⁵); en 1722, elle exposait au Contrôleur général qu'elle avait plus de 4,000 l. de dettes (⁶). En 1721, la rente de 4,086 l. fut l'objet d'une première conversion, au denier 25, soit à 4 0/0; le chiffre annuel des arrérages ne fut plus que de 3,815 l. En 1722, nouvelle réduction au denier 50, à 2 0/0; en 1725, le taux fut encore diminué de moitié, et la rente tomba à 953 l. Elle devait, plus tard, à partir de 1767-1768, être soumise de plus à une retenue de 1/10ᵉ.

Pendant l'exercice 1722-1723, deux sommes importantes furent attribuées à la Chambre : 5,866 l. 5 s. 7 d., montant du remboursement de droits de sortie indûment perçus pendant une foire, et 7,763 l., reliquat du produit d'une taxe levée pour la balise de la Coubre. Cette dernière valeur fut payée en papier, et elle donna lieu, en 1724, à l'inscription d'une rente de 76 l. 12 s. 6 d. C'est surtout pendant la période 1720-1724 que la Chambre songea à se faire charger d'entretenir le feu

---

(¹) C. 4417.
(²) 12 et 19 juin 1710 (C. 4251).
(³) 17 février et 24 avril 1724 (C. 4252).
(⁴) Pour tous les renseignements dont la source n'est pas autrement indiquée, voir les registres de comptes et les pièces de comptabilité de la Chambre (C. 4419 et suiv.)
(⁵) 30 avril 1721 (C. 4261).
(⁶) 28 janvier 1722 (C. 4261).

de Cordouan et la balise de la Coubre [1], afin de suppléer
à l'insuffisance de ses recettes; mais l'État, qui était
incapable d'acquitter ses dettes, ne pouvait pas raison-
nablement renoncer à ses revenus, et la Chambre en
fut réduite à continuer ses doléances [2]; elle calculait
qu'il lui était dû, en 1728, 40,845 l. [3], et en 1731,
52,022 l. [4]. Ni les efforts de l'Intendant, qui échangea
avec le Contrôleur général plusieurs lettres [5], ni l'intervention romanesque de « deux dames », qui offrirent
d'obtenir le versement de tout l'arriéré moyennant une
commission de 25,000 l. [6], ne donnèrent de résultat
satisfaisant. Fort heureusement, la juridiction consulaire
n'oublia point la solidarité qui la liait à la Chambre, et
Tourny consentit à ce que celle-ci prélevât une part des
loyers de la Bourse [7]; par une délibération du 3 juin
1752, les juge et consuls firent don aux directeurs d'une
rente annuelle de 3,132 l, 4 s., et plusieurs fois ils leur
vinrent en aide par d'autres allocations; c'est ainsi qu'en
1749-50, 1750-51, 1751-52 et 1759-60 ils prirent à leur
charge les achats de jetons, et qu'ils versèrent, en
1756-1757, 4,996 l. pour les frais de la mission de
MM. Jarreau et Lamestrie, en 1757-1758, 600 l. pour les
frais de confection de l'inventaire, et en 1785-1786,
3,421 l. pour les frais de la fête offerte à M. et Mme de
Bellecombe.

Une somme de 84,000 l., abandonnée par les négociants, à qui elle aurait dû être restituée, servit à l'acqui-

---

[1] 8 juin 1720 et 5 avril 1721 (C. 4261). — Cf. 10 mars 1724 (C. 4269). —
16 septembre et 10 décembre 1727 (C. 4262). — 25 juin 1728 (C. 4269), etc.
[2] 29 mars 1729 (C. 4262). — 7 février 1730 (C. 4262).
[3] 25 juin 1728 (C. 4269).
[4] 11 janvier 1731 (C. 4253).
[5] 1731 (C. 1611).
[6] 29 mai 1749 (C. 4255).
[7] 28 janvier et 23 avril 1750 (C. 4255).

sition d'une frégate, *le Maréchal de Thomond,* qui fut affrétée par le Roi pour la défense du fleuve, en 1762; fret et vente produisirent net 51,347 l. Une grande partie, soit 40,000 l. (1), fut prêtée à la juridiction consulaire (2); quant au reste, l'Intendant ignorait où il était passé, et après avoir parcouru, d'un œil inexercé, il est vrai, les livres de comptes de la Chambre, je ne suis pas plus heureux que lui (3).

En résumé, voici le budget des recettes de la Chambre pour l'exercice 1761-1762 :

Rente primitive de 4,086 l. . . . . . 953 l. 16 s.

Rente sur les tailles. . . . . 76 l. 12 s. 6 d.

Rente constituée par la juridiction consulaire à la suite d'un prêt de 4,000 l., dont 2,000 avaient été remboursées. . . . . 100 l.

Rente servie par la juridiction, en vertu de sa délibération du 3 juin 1752. 3,132 l. 4 s.

A la suite du prêt de 40,000 l. dont il a été parlé ci-dessus, la juridiction continua à servir la même rente de 3,132 l. 4 s., qui se confondit jusqu'en 1774-1775 avec les 2,000 l. dues pour les intérêts de l'emprunt. Vers 1773, le Trésor négligea de servir trois ou quatre annuités de la rente de 858 l., et la Chambre fut en déficit depuis 1773-1774 jusqu'en 1775-1776.

---

(1) 1763 (2). Rapport de l'Intendant (C. 1611).

(2) 22 avril 1762 et 17 février 1763 (C. 4256).

(3) L'Intendant n'était pas d'avis que la Chambre et la juridiction consulaire fussent habiles à posséder des revenus; il proposait d'attribuer ceux-ci à la Ville, qui aurait été chargée de faire face aux dépenses (7 juin 1763, C. 1611). Il obtint un arrêt du Conseil, que la Chambre considéra avec raison comme un acte de défiance (21-28 juillet 1763, C. 4256). Cette affaire paraît être revenue en 1779 (13 novembre 1779, C. 4342).

La Chambre était, en somme, fort gênée; le chiffre minime de ses ressources ne laissait place à aucune dépense imprévue; il ne lui restait même pas la possibilité de contracter un emprunt de quelque importance, n'ayant pas de revenus pour servir les intérêts et encore moins pour amortir la dette [1]. La Chambre gérait donc ses finances avec la plus sévère économie et morigénait le député quand celui-ci envoyait des paquets dont le port était un peu coûteux [2].

Pour les dépenses d'utilité publique, notamment pour la protection de la marine marchande contre les corsaires, le gouvernement créa des ressources spéciales, un budget extraordinaire, au moyen de taxes temporaires, dont la Chambre avait non la libre disposition, mais l'administration en vue d'un but déterminé. Le cas se présenta en 1710, pour l'armement de *la Nymphe* : une taxe fut établie sur les vaisseaux [3] et, en attendant, pour se procurer les fonds nécessaires, on recourut à un emprunt forcé [4]. Une taxe fut encore imposée en 1719, pour la réfection de la pyramide de la Coubre [5]. En 1723, les négociants furent assujettis à une nouvelle contribution, avec l'autorisation de l'Intendant [6]. En 1745, l'organisation des convois donna lieu à la perception d'un droit proportionnel de 8 0/0 sur les marchandises importées d'Amérique, et ce sur la proposition du comte de Maurepas, qui chargea l'Intendant de soumettre son projet aux commerçants et de lui signaler ceux d'entre eux qui le

---

[1] 7 et 24 mars 1778 (C. 4333 et 4265).
[2] 16 avril 1707 (C. 4259). — 17 août 1771 (C. 4264).
[3] 5 juin 1710, 30 août 1714 (C. 4251).
[4] 25 janvier, 4 février et 24 février 1712 (C. 4251). — 1711-1713 (C. 4430).
[5] 30 mars 1719 (C. 4252).
[6] 9 septembre 1723 (C. 4252).

discuteraient (¹). Mais l'opération la plus considérable de ce genre est celle qui fut autorisée par arrêt du Conseil du 27 juillet 1782, et qui avait pour but d'offrir au Roi un vaisseau, ensuite de distribuer des secours aux familles des marins tués pendant la guerre précédente; le produit brut de la taxe fut de 1,821,481 l. 11 s. 3 d., et le produit net, de 1,600,000 l. (²).

II. — BUDGET DES DÉPENSES.

Dans le budget des dépenses de la Chambre figurent un certain nombre de frais banaux : papier, encre, bois, etc., traitement du secrétaire, gratification au concierge. Quelques articles seulement méritent une mention.

Le 26 janvier 1708, la Chambre, considérant que ses séances duraient fort tard, décida que ses membres recevraient chacun deux flambeaux (³) : ce fut l'origine des « honoraires de bougies » qui figurent jusqu'à la Révolution au budget des dépenses de la Chambre; le juge, chaque consul et chaque directeur avaient de ce chef 9 livres de cire pesant et le secrétaire, 6 livres; vers la fin, c'étaient des bougies du Mans, à 3 l. 4 s. ou 3 l. 5 s. la livre.

Les banquets faisaient dans le maigre budget de la Chambre une brèche profonde (⁴). Cet usage des repas de corps persista même aux époques où les finances de la Chambre étaient le plus obérées; elle ne paya pas tou-

---

(¹) 8 janvier 1745 (C. 1640). — 9 février 1745 (C. 4254).
(²) Voir les comptes du trésorier (C. 4435).
(³) C. 4251.
(⁴) Voir notamment la note des dépenses pour la réception du comte d'Estaing, en novembre 1782, et de M. et Mᵐᵉ de Bellecombe, en 1785-1786.

jours son secrétaire, mais toujours elle banqueta. Les traiteurs changeaient ; le choix dépendait sans doute des préférences des directeurs en place. Le prix variait dans de notables proportions : il s'élevait à 12 l. par couvert en 1780-1782, à 15 l. en 1783, ce qui est une assez jolie somme pour l'époque (1). Les pièces de comptabilité renferment des menus à l'aide desquels les érudits, curieux de gastronomie rétrospective, pourront reconstituer d'importants chapitres de l'histoire culinaire de Bordeaux.

La principale dépense consistait dans l'achat des médailles et jetons de présence (2). La distribution des médailles et des jetons était prévue et autorisée par l'article 18 des lettres de création de la Chambre ; les directeurs s'en occupèrent dès la première année et avec beaucoup de zèle : pendant qu'à Paris le député priait l'abbé Bignon « de faire quelque chose de bon goust » (3), la Chambre, à Bordeaux, « après avoir consulté plusieurs personnes sçavantes, » adoptait des devises dues à Sabatier, professeur de philosophie au collège de Guienne (4). Ces devises n'eurent pas l'heur de plaire à Paris, et l'Académie des Inscriptions en composa d'autres, avec un soin que la Chambre, impatiente, fut bien près de trouver excessif. Le 24 avril 1706, on envoya au député un crayon du port et de la ville, par Leblon (5) ; ce dessin était destiné à être reproduit sur les médailles. Le coin

(1) En 1770, des repas de 30 couverts coûtèrent 500 livres.
(2) En 1778, la Chambre évaluait à 4,100 l. le chiffre de ses dépenses ordinaires : 3,000 l. pour les médailles et jetons, 500 l. pour les appointements du secrétaire, 600 l. pour les frais de bureau, le chauffage, etc. (17 janvier 1778 et 24 novembre 1779, C. 4265).
(3) 31 juillet 1705 (C. 4249).
(4) 3 et 17 décembre 1705 (C. 4251).
(5) C. 4260.

fut gravé vers cette époque : on y travaillait le 30 mai [1], et les comptes de l'exercice 1705-1706 mentionnent un paiement de 450 l. à Bernard, graveur du Roi ; la fabrication fut confiée à Rogier, « monoyeur du Roy, aux galeries du Louvre. » On avait jugé que des médailles de la grandeur prescrite par l'arrêt du Conseil de 1705 auraient été trop petites : le poids fut porté de 5 louis à 7 louis et demi ; par contre, les jetons furent réduits à moins de 10 deniers [2]. Enfin, la première distribution fut faite le 10 novembre 1706 [3], et peu après la Chambre décida, conformément à l'arrêt du Conseil, que deux jetons seraient attribués par séance à chaque membre [4] ; dans la pratique on supposa qu'il y avait une séance par semaine et que toutes les assemblées étaient au complet, de sorte que chacun recevait pour son année 104 jetons [5].

En 1715, les finances de la Chambre étant dans un état pitoyable, une délibération fut prise portant que les directeurs qui désireraient recevoir leurs jetons et médailles en sortant de charge en avanceraient le prix, jusqu'au jour où le trésorier percevrait l'annuité correspondant à cet exercice [6]. Depuis 1715-1716 jusqu'à 1749-1750 inclusivement, les comptes ne mentionnent pas de déboursés pour la frappe [7] ; en 1720, on pria le

[1] C. 4299.

[2] 3 septembre 1706 (C. 4299). — Une planche d'héliogravure, placée en tête du volume de l'inventaire-sommaire du fonds de la Chambre de commerce (*Archives de la Gironde*, série C., t. III), reproduit les types de jetons et de médaille que j'ai pu me procurer. La médaille appartient au Musée de Bordeaux ; M. Ollion-Delmestre en possède une autre un peu différente, dont la face a été gravée par Mauger.

[3] C. 4251.

[4] 2 décembre 1706 (*Ibid.*).

[5] On frappa, en 1706, quatre médailles d'argent, que le député fut prié de distribuer à Paris.

[6] 24 avril 1715 (C. 4252).

[7] Il n'est pas inutile de rappeler qu'en 1749-1752 et en 1759-1760, les juges et consuls payèrent les jetons.

député de retirer « les quarrés des médailles d'or et jettons d'argent » [1], et on l'avisa, deux ans après, qu'il fallait renoncer pour quelque temps à faire des médailles [2]. Quand les ressources de la Chambre permirent de revenir à l'ancien usage, on décida de frapper jetons et médailles à l'effigie du roi régnant [3], et les coins furent mis aux mains d'un graveur, « pour y faire les changements nécessaires [4]. » Malheureusement le « qarré » des jetons cassa dès le commencement de la frappe [5]; le s^r Marteau fut prié d'en confectionner un autre [6], et les jetons arrivèrent pour la séance du 9 avril 1750 [7]. La Chambre constata alors, non sans surprise, qu'ils étaient plus petits que les anciens [8], ce qui était dû, paraît-il, à un caprice de la mode [9].

Quant aux médailles, on ne put recommencer à en faire fabriquer que vers 1761-1762. Au cours de cet exercice, on paya 24 l. à un commis des Monnaies pour la recherche du coin, et on dépensa, en outre, 35 l. 12 s. pour trois carottes de tabac offertes au s^r Roberdeau, qui s'était chargé de veiller à la fabrication. On fit faire neuf médailles cette année-là, huit l'année suivante, et l'émission se poursuivit jusqu'à la Révolution [10]. Toutefois il fut décidé en 1766 que la médaille d'or ne serait attribuée qu'une fois dans la vie à chaque consul ou directeur [11].

En 1779, le député proposa de modifier la forme des

[1] 11 et 16 avril 1720 (C. 4252 et 4261).
[2] 8 août 1722 (C. 4261).
[3] 30 décembre 1749 (C. 4255).
[4] 12 février 1750 (Ibid.).
[5] 12 et 14 février 1750 (Ibid.).
[6] 5 mars 1750 (Ibid.).
[7] (Ibid.).
[8] 18 avril 1750 (C. 4263).
[9] 30 avril 1750 (C. 4255).
[10] L'Intendant avait tort, on le voit, de prétendre que les directeurs n'avaient jamais joui de la médaille d'or (1763 (?). C. 1611).
[11] 4 décembre 1766 (C. 4257).

jetons, l'usage ayant prévalu de les faire à six ou huit pans (1); mais la dépense d'un nouveau coin et l'élévation des frais de fabrication détournèrent la Chambre de ce projet (2), qu'elle adopta quatre ans plus tard (3); les deux nouveaux coins coûtèrent 1,000 l. Les jetons continuaient à porter l'effigie de Louis XV; en 1779, le député obtint de M. Trouvé, représentant de la ville de Bordeaux à Paris, qu'il prêtât une matrice à l'effigie de Louis XVI (4), de sorte que la Chambre reçut en janvier 1780 ses premiers jetons représentant ce souverain (5). L'année suivante, M. Trouvé était mort, et le député dut chercher le coin pour la frappe des jetons; il finit par le découvrir chez un commissaire de police et l'envoya aussitôt au Cabinet des médailles (6); mais, fatiguée d'attendre, l'administration des médailles avait fait les jetons sur l'ancien modèle; le député les fit refondre (7). En 1783, la Chambre adopta une motion aux termes de laquelle les directeurs ne recevraient qu'une bourse de 100 jetons pour les deux années qu'ils restaient en charge (8). La frappe de 1786-1787 fut particulièrement laborieuse : le coin se cassa deux fois (9); le député fut chargé de traiter avec un graveur pour un abonnement (10), ce qu'il fit moyennant le prix annuel de 200 l. (11).

(1) 18 et 28 décembre 1779 (C. 4342).
(2) 23 décembre 1779 (C. 4258).
(3) 27 novembre 1783 , Ibid. l.
(4) 23 décembre 1779 , Ibid. l.
(5) 15 janvier 1780 (C. 4343).
(6) 13 janvier 1781 (C. 4344). — 11-18 janvier 1781 (C. 4258).
(7) 13-27 janvier 1781 (C. 4344).
(8) 27 novembre 1783 (C. 4258).
(9) 12 décembre 1786 (C. 4355). — 23 décembre 1786 (C. 4265). — 7 janvier 1787 (C. 4356). L'un des nouveaux coins coûta 400 l.
(10) 23 décembre 1786 (C. 4265).
(11) 30 octobre 1787 (C. 4358).

CHAPITRE IV

Les relations de la Chambre.

I. — RAPPORTS DE LA CHAMBRE AVEC DIVERSES AUTORITÉS.

L'importance des intérêts confiés à la Chambre du commerce de Guienne, la valeur personnelle de ses membres et leur situation assuraient à cette Compagnie une influence qui alla grandissant avec la puissance du Tiers-État. Pour se faire une idée du prestige de la Chambre, il suffit de voir quel accueil ses délégués recevaient à la Cour [1]. Il subsista toujours assurément un peu de jalousie entre la capitale et la province [2] ; l'administration ne se départit pas non plus, surtout dans la forme, d'une rigidité qui aujourd'hui paraît excessive [3] ; mais il n'en est pas moins vrai que les Ministres témoignaient au commerce beaucoup de confiance [4] et une bienveillance à peu près constante. Maurepas surtout, à qui un illustre Bordelais fut si sévère [5], Maurepas se montrait animé

[1] 23 juin 1756 (C. 4256).
[2] 6 mai 1788 (C. 4360).
[3] 7 mars 1711. Ordre de réunir la Chambre et la Jurade, parce qu'on a imprimé sans autorisation un état des marchandises pouvant être importées de Hollande et de Hambourg, et de réprimander sévèrement les coupables (C. 1625). — 28 avril 1788 (C. 4359).
[4] Par ex. : 12 octobre 1769 (C. 4332).
[5] Montesquieu, *Pensées diverses : Des grands hommes de France.*

de la meilleure volonté; la Chambre lui en fut reconnais-
sante, et quand ce bienfaiteur fut disgracié, elle lui
envoya une lettre de condoléance (¹), également hono-
rable pour les administrés qui l'écrivirent et pour l'administrateur qui l'avait méritée. Ces dispositions favorables
du gouvernement s'accentuèrent encore sous Louis XVI,
sauf de la part d'un ou deux ministres (²).

Les directeurs ne négligeaient rien pour se concilier
les bonnes grâces des personnages puissants. On sait que
l'usage existait autrefois d'offrir des présents aux gens en
place (³) : la Chambre avait des ressources minimes; il
fallut bien cependant qu'elle sacrifiât à la coutume (⁴).
Les jambons de Gascogne (⁵), que les hommes d'État des
derniers siècles paraissent avoir beaucoup appréciés, et
le vin de Bordeaux, firent quelquefois place à des cadeaux
d'une esthétique plus relevée : médaille d'or (⁶), bourse
de jetons (⁷). Les solennités, les réjouissances publiques
pour les heureux événements survenus dans la famille
royale étaient encore un moyen de flatter le pouvoir (⁸).
Avec leur esprit pratique et leur connaissance des hommes, les directeurs du commerce ne pouvaient pas mé-
connaître l'influence des banquets sur la conduite des

(¹) 8 mai 1749 (C. 4255). — 10 mai 1749 (C. 4253).
(²) Calonne et peut-être Castries : 16 avril, 28 juillet, 4 août, 13 octobre
et 10 novembre 1787 (C. 4265). — 30 novembre 1787 (C. 4358). — 28 juin 1788
(C. 4266). — Contre l'administration des finances en général : 7 juillet 1787
(C. 4266).
(³) 7 juillet et 5 août 1710 (C. 4261). — 17 août 1747 (C. 4255). —
6 juin 1771 (C. 4257). — 4 octobre 1783 (C. 4349). — Cf. Garnault, *op. cit.*,
t. 1, p. 227.
(⁴) En 1712, l'Intendant de Rochefort fit des difficultés pour accepter
six pièces de vin (6 mai 1712, C. 4251).
(⁵) 16 avril 1715 (C. 4252). — 1714-1715 (C. 4419).
(⁶) 25 octobre 1714 (C. 4251).
(⁷) 20 décembre 1759 (C. 4256).
(⁸) 8 juillet 1775 (C. 4265). — En 1789, la Chambre fit faire le portrait
de Bailly pour le placer à la Tour e (4 juillet, 1ᵉʳ août et 26 décembre 1789,
C. 4265).

affaires humaines : des hôtes illustres s'assirent à la table de la Chambre, comme Helvétius [1], qui faisait une tournée en qualité de fermier général, et d'Estaing, vice-amiral de France [2].

Vers les dernières années, la Chambre eut des attentions particulières à l'adresse des gouverneurs et des intendants des colonies, qui pouvaient tant pour les intérêts de Bordeaux; elle ne manquait pas de leur faire sa cour, de leur offrir soit une bourse de jetons, soit un dîner d'apparat ou un bal [3].

Ces fêtes finirent par constituer pour le faible budget de la Chambre une lourde charge, et l'Intendant, qui avait peut-être pris ombrage des honneurs rendus à d'autres qu'à lui, obtint de la Chambre qu'elle renonçât à cet usage [4].

La situation de la Chambre à l'égard des divers agents de l'administration était réellement délicate; les relations paraissent avoir été particulièrement difficiles avec les Fermes et avec la Marine. Une question de forme donna lieu, en 1762, à un conflit avec le commissaire ordonnateur de la Marine, qui fut soutenu par le Ministre et obtint gain de cause « en sa qualité d'homme du Roy » [5]. En 1786, la Chambre s'émut de ce que le commissaire ordonnateur s'était « permis de lui écrire sans détacher le mot *Messieurs* »; le cas fut jugé non moins exorbitant qu'inusité; mais les directeurs, instruits par

[1] 20 septembre 1747 (C. 4255).

[2] 9 novembre 1782 (C. 4258).

[3] 12 janvier, 21 décembre 1769 et 29 octobre 1770 (C. 4257). — 7 septembre 1785 et 20 juillet 1786 (C. 4258).

[4] 26 septembre 1787 (C. 4259).

[5] 28 décembre 1762 au 3 mars 1763 (C. 4256). — 18 janvier au 8 février 1763 (C. 4264). — De nouvelles difficultés se produisirent en 178 (1 août 1781, C. 4265).

l'expérience, ne se plaignirent pas : ils se contentèrent d'user de représailles et décidèrent que le secrétaire répondrait sans mettre en vedette le mot *Monsieur* ([1]).

La Chambre et les employés des Fermes représentaient des intérêts opposés ; or, les Fermiers étaient forts de la toute-puissance de l'argent ([2]), et, suivant la remarque du député Castaing, ils avaient dans nombre d'affaires « l'avantage d'être juge et partie » ([3]), décidant que telle marchandise était soumise à tel droit et que telle autre n'entrerait pas en France ([4]). Quelque élevés que fussent les tarifs de douane, le commerce souffrait peut-être plus encore des formalités auxquelles il était astreint par les défiances des Fermes ([5]) : l'ordre établi pour décharger les vaisseaux un à un ([6]), les tentatives pour obliger les chargeurs à prendre autant de gabares qu'ils avaient d'espèces de marchandises à envoyer à bord ([7]), les refus de laisser charger et décharger les navires en dehors du port, qui était encombré ([8]), sont autant d'exemples de ces vexations, bien propres à indisposer les négociants. Les registres de la Chambre renferment donc nombre de plaintes contre les tracasseries des commis, contre la dureté des directeurs des Fermes, contre l'avidité des Fermiers ([9]).

([1]) 14 juin 1786 (C. 4258). — Cette même année, la Chambre réclama contre l'habitude que prenaient les bureaux de la Marine de faire passer par le commissariat les affaires exclusivement commerciales dont le Ministre jugeait bon de la saisir (16 mars 1786 et 15 mars 1787, C. 4258).

([2]) 25 janvier 1735 (C. 4307).

([3]) 31 juillet 1753 (C. 4315).

([4]) 26 février 1751 (C. 4313).

([5]) 5 janvier 1790 (C. 4266).

([6]) 29 juin 1720 (C. 4261). — En 1720, on obtint de décharger deux navires à la fois (29 juin et 4 juillet 1720, C. 4261 et 4302). Cet état de choses s'améliora encore (23 avril 1771, C. 4264).

([7]) 16 novembre 1724 (C. 4252).

([8]) 2 mars 1724 (C. 4252).

([9]) 25 novembre 1713 (C. 4261). — 10 août 1717 (C. 4261). — 17 juin 1719 C. 4261).

Ce mécontentement donna lieu, en 1754, à un incident d'une certaine gravité : le directeur des Fermes, Montau, fut sifflé à la Comédie ; les jurats intervinrent mollement ; on enferma à Blaye les meneurs présumés de cette manifestation, et la Chambre, après une lettre fort dure du Contrôleur général (¹), dut se résoudre à une visite d'excuses chez Montau (²).

Avec l'Amirauté, la Chambre paraît avoir entretenu d'excellents rapports : le lieutenant général recourut fréquemment, pour le règlement des affaires, à l'expérience et aux connaissances des directeurs du commerce (³).

Les relations avec la Jurade n'étaient pas toujours aussi cordiales qu'on pourrait le croire ; elles restèrent du moins courtoises et jamais elles ne donnèrent lieu à des conflits (⁴).

La Chambre de commerce ne paraît pas avoir entretenu des rapports assidus avec l'Académie de Bordeaux. Il semble que peu de Bordelais firent partie à la fois de l'un et de l'autre corps.

***

II. — Rapports avec l'Intendant.

Le personnage avec lequel la Chambre avait le plus souvent affaire est sans contredit l'Intendant. Les intendants de Guienne, au siècle dernier, se mêlèrent active-

---

(¹) 26 octobre 1754 (C. 4316).

(²) Sur cette affaire, voir C. 2381, C. 4255, C. 4263 et un long exposé dans Brives-Cazes, *Épisodes du système prohibitif en Guienne*, p. 40-50. — Montau eut encore peu après une difficulté avec la Chambre ou plutôt avec l'un des membres de la Chambre (2 janvier 1755. L'Intendant à M. de Laborde, C. 2381 ; 16 janvier 1755, C. 4263). — Cf. 28 juin 1759 (C. 4256).

(³) 19 mai et 1ᵉʳ décembre 1768. 16 février et 21 décembre 1769 (C. 4257), etc.

(⁴) 1ᵉʳ décembre 1741 (C. 4254). — 16 mars 1752 (C. 4255). — 7 mars 1765 (C. 4256).

ment des travaux qui préoccupaient la Chambre du commerce ; deux d'entre eux furent même disgraciés pour avoir trop vivement pris parti dans ces questions : Tourny perdit sa place dans les difficultés que souleva le « privilège des vins » ; de Fargès fut désavoué et rappelé pour sa conduite au sujet de la « voiture des espèces » (¹).

L'arrêt du Conseil portant création de la Chambre spécifiait que les Intendants pourraient assister aux séances et les présider quand ils voudraient (²). Les premiers d'entre eux montrèrent peu d'assiduité ; ils préféraient travailler en dehors et à côté de ces assemblées. La Bourdonnaye se rendit pourtant à la réunion du 13 juin 1709, et on régla dès ce jour le cérémonial à suivre pour la réception des Intendants (³). Boucher exerça sur les délibérations de la Chambre une influence plus constante, sans y prendre part d'ailleurs autrement que par exception. Tourny, après lui, suivit de près les travaux de la Compagnie, et demanda qu'il lui en fût adressé des tableaux mensuels (⁴). En 1755, son fils fut admis aux réunions (⁵) ; il y fut plus qu'un simple spectateur, et il prêta à la solution de certaines affaires le secours de son influence. Dans ces conditions, il ne pouvait qu'être pour la Chambre un président dévoué quand il fut appelé à remplacer son père à l'intendance de Guienne (⁶) : il ne paraît point cependant avoir gardé les sympathies du commerce, qui le délaissa quelque peu pour le maréchal

(¹) 14 mars-5 avril 1770 (C. 4257).
(²) § IV.
(³) C. 4251. — Il fut décidé plus tard que les délégations de la Chambre appelleraient l'Intendant *Monsieur* (12 novembre 1739, C. 4254). — L'Intendant s'étant plaint, la Chambre résolut de l'appeler *Monsieur* de vive voix et *Monseigneur* par écrit (16 juin 1745, C. 4254).
(⁴) 14 mai 1750 (C. 4255).
(⁵) 11 décembre 1755 et 8 janvier 1756 (C. 4255). — 21 avril 1757 (C. 4256).
(⁶) 30 juin 1757 (*Ibid.*).

de Richelieu (¹). M. Boutin était souvent à Paris, « dans son hôtel, rue Porte-Foin, au Marais; » il vint néanmoins quelquefois à la Chambre. Un jour même que les directeurs souscrivirent pour 6,000 livres à l'effet d'augmenter les forces navales de la France, M. Boutin porta, de ses propres deniers, cette somme à 10,000 livres, et il demanda que cette largesse restât anonyme (²). Son successeur immédiat, M. de Fargès, fut des divers Intendants celui qui eut avec la Chambre les relations les plus cordiales et qui mérita d'elle les plus vives et les plus solides sympathies. « Nous regrétons infiniment M. Defargès, » écrivaient les directeurs quand ce commissaire départi quitta la Guienne (³). M. de Fargès n'oublia point Bordeaux; il continua son appui à la Chambre et correspondit avec elle; on lui fit fête lorsque, pendant l'hiver de 1778-1779, une affaire de famille le ramena dans cette ville (⁴). Les Intendants qui suivirent s'en tinrent aux traditions désormais établies, et se rendirent assez fréquemment aux séances (⁵) : on vit même la Chambre différer l'examen d'un mémoire pour le développement du commerce jusqu'au jour où Dupré de Saint-Maur aurait autorisé cette discussion (⁶).

La Chambre du commerce de Guienne n'eut guère qu'à se féliciter des Intendants; il devait fatalement arriver qu'il y eût entre eux des froissements (⁷), il ne paraît pas

(¹) 30 décembre 1759 (*Ibid.*).
(²) 11 janvier 1762 (C. 4256).
(³) 17 avril 1770 (C. 4264).
(⁴) 7 janvier 1779 (C. 4258).
(⁵) On prit l'habitude de remettre aux Intendants, à leur arrivée, une bourse brodée à leurs armes et contenant 104 jetons (31 décembre 1760, C. 4256; 10 janvier 1771, C. 4257, etc.).
(⁶) 24 mars 1779 (C. 4258). — L'Intendant avait reproché à la Chambre d'avoir répondu sans le consulter à une question du Ministre touchant les assurances (11 novembre 1777, C. 4338).
(⁷) 24 août 1741 (C. 4254).

avoir jamais existé de rancune. Un seul intendant, à ma connaissance, fut peut-être peu loyal avec la Chambre à un moment donné (¹); ce fut un simple incident, qui n'empêche pas que de tous les dépositaires de l'autorité, Parlement, Cour des Aides, etc., l'Intendant était celui en qui les représentants du commerce bordelais avaient le plus de confiance; ils auraient voulu que le Roi le commît pour connaître des appels contre les sentences des juges des traites (²), et ils firent des démarches afin qu'on lui confiât, à l'exclusion des juridictions ordinaires, le soin de régler les difficultés relatives à l'emprunt de 1782 (³).

Il est donc contraire à la vérité historique de représenter la Chambre de commerce et l'Intendant comme les protagonistes de deux partis opposés, la première sans cesse à la tête du mouvement économique et social, le second imbu d'idées rétrogrades, ennemi né des Bordelais et de la Chambre pour l'indépendance de leur caractère et la supériorité de leur intelligence. Il est très vrai que les députés adressèrent à la Chambre des compliments sur le succès de ses mémoires (⁴), et que, d'autre part, les Intendants, surtout Boucher et Tourny, se plaignirent de l'insuffisance des directeurs (⁵). J'estime qu'il ne faut prendre à la lettre ni les éloges des uns ni les blâmes des autres; les députés avaient trop intérêt à flatter le commerce pour que l'on doive admettre leur témoignage sans contrôle : peut-être ne faut-il guère voir

---

(¹) 16 novembre 1782 (C. 4265).
(²) 27 avril 1751 (C. 4263).
(³) 13 juillet 1782 (C. 4265).
(⁴) Voir notamment 20 et 27 avril 1765 (C. 4328).
(⁵) 5 mai 1732 (C. 1624). — 9 mai 1732 (C. 4306; le même document en minute, C. 1611). — 1ᵉʳ mai 1752 (C. 4314; minute, C. 1624). — 15 mai 1753 (C. 4315; minute, C. 1611).

dans leurs louanges vagues que des amplifications [1] comme il y en a tant dans la littérature de ce siècle où tout, dans les arts, était convention et mensonge. Quant aux Intendants et à Tourny en particulier, ils ont pu céder à des accès de mauvaise humeur comme les hommes les mieux trempés en éprouvent parfois. Tempérament énergique et autoritaire, Tourny voyait avec peine que l'opinion lui échappait et que la Chambre prenait rang parmi ses adversaires [2]; mais quand même les circonstances auraient donné à ses reproches une expression d'amertume, il n'en résulte pas que les reproches eux-mêmes fussent dénués de fondement. Au fond, Boucher et Tourny auraient voulu que la Chambre se recrutât par une sélection plus intelligente, que les choix fussent dictés par des considérations d'intérêt général et non par les petits calculs des coteries ou par leurs mesquines intrigues. Posée en ces termes, la question paraît devoir être résolue à l'honneur des Intendants. L'habitude des cabales, l'éloignement des plus notables négociants des fonctions absorbantes du consulat [3] étaient des causes de faiblesse incontestables. Aussi le député Castaing était-il, dans son for intérieur, du même avis que Tourny : « Je pense comme vous, Monsieur, que notre consulat est le plus souvent très foible, de même que le Chambre de commerce... La vérité n'est pas toujours bonne à dire; j'ay été si souvent témoin chez M. Trudaine de tant de

---

[1] Tel est aussi l'avis de l'érudit qui est le mieux en état de résoudre cette délicate question, M. Bonnassieux. Comme je lui demandais s'il s'était aperçu que la Chambre de Bordeaux eût exercé une influence particulièrement prépondérante sur la marche des affaires commerciales, M. Bonnassieux m'a autorisé à déclarer qu'il n'avait pas fait de constatation pareille.

[2] 6 novembre 1754. L'Intendant à Trudaine et au Contrôleur général (C. 2381).

[3] 4 avril 1750 (C. 1611). — 6 janvier 1776 (C. 4265).

propos désagréables, surtout par raport à la Chambre, que je n'eusse pas voulu que le triste éloge que vous en faites eût pénétré jusques là (¹). »

Ce que Castaing pensait, Boucher et Tourny le disaient à la Chambre elle-même, un peu durement et avec quelque exagération peut-être, mais dans le but de la stimuler à faire mieux. Ce n'est pas une preuve d'animadversion, au contraire, et je suis persuadé que Tourny exposait très sincèrement les motifs de sa conduite et ses véritables sentiments quand il répondait à Castaing :

« J'aime les négotians de Bordeaux ; je cherche à leur faire toute sorte de plaisir ; il n'y en a pas à qui ma porte ne soit sans cesse ouverte et qui ne puissent compter sur mes conseils ou sur mes soins, suivant qu'ils se trouvent avoir besoin des uns ou des autres. Mais, par là même, je vois avec peine qu'ils ne font pas ce qu'il faudrait pour former un corps qui sçache provoquer ce qui peut favoriser le commerce (²). »

III. — Rapports avec le Parlement.

Le Parlement était généralement animé de dispositions très bienveillantes envers la Chambre ; c'était l'un des protecteurs auxquels elle recourait le plus volontiers. A maintes reprises des démarches furent faites en des circonstances difficiles auprès du Premier Président ou du Procureur général (³), qui répondaient à peu près invariablement à ce témoignage de confiance par des preuves

(¹) 23 avril 1754 (C. 1624). — Cf. 6 avril 1754, Du même au même. *(Ibid.)*.
(²) 13 avril 1754 (C. 1624).
(³) 30 mai 1753 (C. 4255). — 21 février 1760 (C. 4256). — 24 et 25 juillet et 5 août 1760. *(Ibid.)*. — 2 mars 1770 (C. 4257). — 26 et 28 avril et 16 mai 1787 (C. 4258). — 18 mars, 16 avril, 17, 18, 20 et 23 juin et 2 juillet 1789 (C. 4259).

effectives de dévouement. Aussi la Chambre conçut-elle
un jour le projet de former une ligue des parlements des
provinces viticoles pour s'opposer à la libre exportation
des alcools de cidre et de poiré [1]. De leur côté, les
consuls et les directeurs soutinrent le Parlement dans ses
luttes contre le pouvoir [2].

En dépit de ces sentiments de sympathie réciproque,
des conflits assez nombreux éclatèrent entre les deux
Compagnies. Ce fait tient en particulier à ce qu'elles
s'inspiraient d'idées bien différentes : la Chambre repré-
sentait le bon sens; le Parlement, la routine. L'évolution
sociale ne va pas sans contrarier des intérêts particuliérs,
des droits acquis, que l'administration a le devoir de
sacrifier, dans la mesure rigoureusement indispensable,
aux vues d'utilité publique. Tant que le Parlement resta
dans ses attributions naturelles, tant qu'il s'occupa
exclusivement de rendre la justice, il eut raison de
tenir les yeux fixés sur les titres et sur le passé; mais
le jour où il s'ingéra d'administrer et de légiférer, il
aurait dû tourner ses regards vers le bien général et vers
l'avenir.

Il serait déplacé de juger ici le rôle politique du
Parlement, rôle brillant où il dépensa tout au moins
un incontestable courage; j'ai le devoir de constater
que, dans le domaine économique, le progrès n'eut pas
en Guienne un adversaire plus redoutable. Qu'on lise
l'histoire de l'affaire à laquelle le privilège des vins
donna lieu en 1754. On sait de quoi il s'agissait : des
actes fort anciens créaient au profit des habitants du
Bordelais le monopole de la vente des vins sur la place

[1] 12 avril et 16 mai 1764 (C. 4255 et 4964). — Cf. 9 mai 1765 (C. 4256).
[2] 17 janvier 1788 (C. 4259).

de Bordeaux pendant une partie de l'année (¹); c'était une prérogative féodale, analogue à celle dont les seigneurs jouissaient dans leurs terres sous le nom de banvin. L'administration ayant porté atteinte à cette coutume (²), qui était fort onéreuse pour le haut pays, le Parlement, dont les membres étaient propriétaires fonciers et personnellement intéressés au maintien de cet usage suranné, intervint avec violence, jusqu'à faire jeter en prison des négociants coupables d'avoir profité d'autorisations accordées par le pouvoir souverain, jusqu'à menacer les huissiers chargés de lui notifier les décisions du Conseil (³). Il était difficile de violer plus ouvertement à la fois les théories du progrès commercial, les lois constitutionnelles du royaume et les principes mêmes de la procédure judiciaire.

Une autre affaire moins dramatique fait toucher du doigt les vices de la conduite du parlement de Guienne : il s'agissait des pilotes de Pauillac, d'une part, de Saint-Palais et de Saint-Georges, de l'autre ; l'arrêt donna raison à ceux-ci, qui avaient peut-être de très anciens titres, mais qui ne savaient pas piloter. Après maints désastres causés par leur paresse et par leur impéritie, les armateurs réclamèrent la liberté, que leur reconnaissait l'ordonnance de la Marine, de choisir les pilotes (⁴), et le Conseil réforma l'arrêt du Parlement (⁵).

Le malheur du parlement de Bordeaux est que, dans le

(¹) Voir Henri Kehrig, *Le privilège des vins à Bordeaux.*

(²) Le Conseil royal de commerce eut à s'occuper de cette question dans diverses de ses séances de 1740-1745, notamment le 26 janvier 1741 (plainte contre une décision de la justice de Saint-Seurin), les 9 juin et 9 juillet 1744 et 19 août 1745 (plaintes des juge et consuls de Cahors et de négociants de Bordeaux et de La Rochelle). (Délibération du Conseil de commerce. D'après l'inventaire.)

(³) Voir Labracque-Bordenave, *op. cit.*, p. 310-345.

(⁴) 1736 (C. 4394). — Cf. C. 4395, *passim,* et 28 juillet 1739 (C. 4262).

(⁵) 25 mai 1740 (C. 4254).

corps social en décomposition, les organes ne remplissaient plus leurs fonctions propres : quand le régiment patriotique de Saint-Remy faisait des démarches contre l'abolition de l'esclavage (¹), il était naturel que le Parlement se mêlât de reviser les lois sur l'exportation des céréales ou de régler la police du port. Or, en ces matières, l'étude des textes est une insuffisante préparation, et il semble que le souci trop exclusif de la procédure eût rendu les parlementaires bordelais incapables d'une compréhension nette et juste et de la décision si nécessaire dans la conduite des affaires publiques. En juin 1789, le Parlement, qui avait interdit l'exportation des farines, chargea ensuite le président d'Augeard de délivrer des permis de sortie; puis, il se ravisa encore, et des navires descendus au bas du fleuve furent arrêtés; enfin, il adopta un quatrième avis, s'arrêta à un moyen terme, et, le 7 septembre, autorisa les capitaines à prendre un baril de farine par tonneau d'encombrement (²). Malgré ses sympathies pour le Parlement, le commerce, atteint par ces incohérences, se réjouit d'apprendre que cette Compagnie était suspendue par le Roi : on commençait à craindre qu'elle ne ruinât Bordeaux (³). Ce n'est pas la seule circonstance où la place eut à souffrir des incursions du Parlement dans l'administration.

Le 20 mars 1756, la Chambre s'occupa du vœu que venaient de formuler les députés du commerce pour l'admission des neutres aux colonies ; c'était pour Bordeaux une question de la plus haute importance, et les négociants furent appelés pour en délibérer. Le Parlement s'émut de cette convocation. N'était-ce pas un

---

(¹) 14 et 21 janvier 1790 (C. 4259).
(²) 20 et 27 juin et 15 septembre 1789 (C. 4206).
(³) 10 novembre 1789 (C. 4206).

excès de zèle, et ce soin n'appartenait-il pas plutôt à l'Intendant? Il semble que oui. Ce qui est certain, c'est que le moment était singulièrement choisi pour soulever une question de forme. Le Parlement fit défense de tenir des assemblées de ce genre sans prévenir les jurats, lesquels devaient lui soumettre le cas (¹). Or, il pouvait arriver, ce qui arriva, en effet, que le Parlement fût trop occupé pour examiner les demandes de réunion (²), ou qu'il se trouvât en vacances (³). Alors c'étaient des retards, qui pouvaient entraîner les plus graves préjudices. Ces formalités n'en subsistèrent pas moins jusqu'au jour où la Révolution les emporta, en même temps que le Parlement lui-même.

C'est d'ailleurs l'une des rares difficultés sur lesquelles cette Compagnie eut raison de la Chambre. Habituellement, l'esprit pratique et l'expérience des directeurs l'emportèrent sur la science théorique des magistrats, soit que les décisions de ceux-ci fussent réformées par l'auto· rité supérieure (⁴), soit qu'elles tombassent d'elles-mêmes.

Sur un autre point cependant le Parlement résista et finit par avoir le dessus : il s'agissait de savoir qui, des

---

(¹) 10 avril 1756 (C. 4255).

(²) 20 novembre 1788 (C. 4259).

(³) 20 novembre 1778 (C. 4258). — 16 décembre 1778 (C. 4340). — 25 et 26 novembre 1784 (C. 4258).

(⁴) 21 mars 1709 (C. 4301). — 13 août 1739 (C. 1620). — 12 et 26 juin. Cassation, à la requête d'Hoffman, de Bordeaux, d'un arrêt du Parlement, du 12 février 1748, au sujet des lettres de change (Délibération du Conseil royal de commerce. D'après l'inventaire). — 10 septembre 1750. Avis favorable à la cassation d'un arrêt du même parlement, interdisant aux forains la vente au détail (*Ibid.*). — 27 septembre 1750 (C. 1635). — 2 octobre 1770 (C. 44). — 31 décembre 1775 et 18 janvier 1776 (C. 4336 et 4257). — 22 et 29 avril 1784, 23 juin et 17 juillet 1785. Examen et rejet du pourvoi élevé, le 26 mars 1784, par le parlement de Bordeaux contre un arrêt du Conseil du 26 juin 1783, cassant celui dud. parlement du 17 mars 1784. (Délibération du Conseil royal de commerce. D'après l'inventaire).

juges consulaires ou des juridictions ordinaires, devait
connaître des faillites. Le conflit fut passionné, comme
tous les conflits d'attribution, d'autant plus que la
Chambre avait mis le doigt sur une plaie douloureuse.
C'était en 1715; le 3 mai, le Parlement consacra la prétention qu'avait le lieutenant criminel de décréter de
prise de corps les négociants faillis (¹); des tentatives
eurent lieu pour faire revenir la Cour sur sa décision, et
elle rendit effectivement, le 13 mai, un arrêt suspendant
les poursuites pour six mois. La Chambre ne se contenta
point de cette satisfaction incomplète; elle dénonça
courageusement au Contrôleur général les motifs peu
avouables qui avaient inspiré la décision du 3 mai, et elle
accusa les membres du Parlement d'abuser de leur pouvoir pour terroriser les faillis et se faire payer leurs
créances personnelles au détriment de l'ensemble des
intéressés. Les faits allaient donner à ces plaintes la plus
éloquente confirmation. Une déclaration royale en date
du 10 juin ordonna de surseoir à toutes procédures contre
les faillis sur simple réquisition de créanciers représentant
la moitié du passif. Deux négociants bordelais, le père et
le fils, ayant suspendu leurs paiements, cherchèrent à
réunir les signatures suffisantes pour arrêter la procédure;
un seul créancier s'y opposait, un avocat général, qui, le
3 juillet, fit prononcer par contumace une condamnation
à mort contre ses débiteurs. Ceux-ci, ayant obtenu le
même jour le nombre voulu de signatures, se mirent
en devoir de faire signifier la requête en cessation de
poursuites : aucun huissier ne voulut se charger de cette
notification, et, le lendemain, l'avocat général intro-
duisait l'affaire devant la Tournelle avant sept heures

---

du matin, la rapportait d'office sans qu'elle lui eût été distribuée, et obtenait, avant neuf heures du matin, confirmation de la sentence capitale. Il fallut que l'Intendant intervînt pour suspendre l'exécution, dont la perspective avait jeté l'effroi sur la place de Bordeaux (¹).

Après une pareille monstruosité, on pourrait croire que le Parlement tînt à honneur de se désintéresser des affaires analogues : il s'efforça, au contraire, de recouvrer au plus tôt le jugement des faillites au civil (²), et il resta si susceptible sur ce point qu'il en vint à refuser d'enregistrer une déclaration du Roi attribuant ces causes à la juridiction consulaire (³).

En résumé, la Chambre eut avec l'Amirauté des relations cordiales ; elle lutta constamment contre les Fermes, quelquefois avec vivacité ; elle professa envers les Intendants une déférence qui n'excluait pas, à certains moments, la fermeté de l'opposition ; enfin, avec le Parlement, qui s'imposait par sa haute influence et son inamovibilité, la Chambre se montra respectueuse : si elle attaqua souvent ses décisions, elle eut les plus grands égards pour la Compagnie elle-même, jusqu'au jour où celle-ci, se voyant menacée par la Révolution, voulut réagir

(¹) 4 juillet 1715 (C. 4252). — 9 juillet 1715 (C. 4261). — Le 2 avril 1716, le Conseil royal de commerce examina un projet d'arrêt favorable aux deux faillis (Délibérations. D'après l'inventaire).

(²) 21 novembre 1715 (C. 4252). — La déclaration du Roi a été successivement prorogée (9 janvier 1716, C. 4252; *Instruction générale sur la juridiction consulaire.* 19 septembre 1730, *Nouveau recueil d'arrêts,* etc., *donnez en faveur de Messieurs les juge et consuls,* etc. Bordeaux, 1731, in-4°, p. 10). — Le 16 août 1759, le Conseil royal de commerce fut saisi d'un projet d'arrêt attribuant pour trois ans les faillites et banqueroutes aux juridictions consulaires de Nantes, Bordeaux et Saint-Malo (Délibérations. D'après l'inventaire).

(³) 21 janvier 1764 (C. 4264).

contre le mouvement qu'elle avait tant contribué à déchainer (¹).

IV. — RAPPORTS AVEC LES AUTRES CHAMBRES.

Les différentes Chambres de commerce étaient unies par des intérêts analogues et par une lutte commune contre le fisc et les Fermes; elles avaient fréquemment à se concerter en vue de démarches collectives (²). Les deux Chambres avec lesquelles celle de Bordeaux échangeait la correspondance la plus active étaient celles de La Rochelle et de Nantes, avec qui elle s'entendait notamment pour proposer le tarif des marchandises soumises au domaine d'Occident. Le député Carton estimait que, si les Fermiers généraux avaient eu la preuve de cette intelligence, le cas aurait été « des plus graves » (³); en bien des circonstances cependant, rien n'était plus facile à constater.

D'une façon générale, les Chambres avaient les unes pour les autres une grande confiance; c'est ainsi que la Chambre de Bordeaux écrivit à plusieurs autres contre Calonne une lettre qui, si elle eût été connue de celui-ci, aurait pu attirer aux signataires de sérieux désagréments (⁴). Les rapports de Chambre à Chambre étaient empreints d'une franche cordialité. Il y eut bien entre Bayonne et Bordeaux une froideur, peut-être due à une méprise (⁵); mais cette difficulté ne paraît pas avoir duré. La mésintelligence fut plus sérieuse avec Nantes;

(¹) 4 août 1787 (C. 4266). — 2 mars 1790 (C. 4266).
(²) 26 juillet 1737 (C. 4262).
(³) 28 janvier 1744 (C. 4312). — Cf. 12 juin 1745 (C. 4263).
(⁴) 23 septembre 1786 (C. 4266).
(⁵) 1ᵉʳ mai 1745 (C. 4263).

c'était, pour une bonne part, le résultat de la rivalité qui divisait les deux places. La Chambre de Bordeaux, il faut avoir le courage de le reconnaître, laissait un peu trop percer le sentiment de sa supériorité [1]. « Messieurs de Nantes, » de leur côté, se remuaient fort, se séparaient quelquefois des autres places et prétendaient à l'hégémonie du monde commercial [2]; cette conduite donna lieu à de vives récriminations.

[1] Voir une réponse ironique de la Chambre de Nantes, du 2 juin 1770 (C. 4333).

[2] 15 juillet 1765 (C. 4264). — 18 juillet 1767 (C. 4330). — 20 et 27 janvier 1781 (C. 4344 et 4265).

CHAPITRE V

L'œuvre de la Chambre.

I. — Les attributions de la Chambre; les parères; la Chambre, intermédiaire entre l'administration et le commerce; l'initiative de la Chambre.

II. — Navigabilité de la Garonne et de la Gironde; persistance des questions d'intérêt bordelais; phares, balises, etc.; le « régime du fleuve ».

I. — LES ATTRIBUTIONS DE LA CHAMBRE.

Voici les passages de l'arrêt du Conseil du 26 mai 1705 qui se réfèrent aux attributions de la Chambre :

« XI. Le soin et l'application des directeurs sera de recevoir les mémoires qui seront adressés par les marchans et négocians, tant de lad. ville de Bordeaux que des autres villes de la province de Guienne, à lad. Chambre de commerce, contenant les propositions ou les plaintes des négocians, d'examiner et discuter ces mémoires, donner leur avis sur ce qui y sera contenu et d'envoyer le tout au sieur Controlleur général des finances, lorsque les matières paroistront importantes. Les directeurs pourront aussy faire aud. sieur Controlleur général des finances les représentations qu'ils estimeront nécessaires pour le bien et pour l'avantage du commerce.

» XII. Aucun parrère ou avis servant de règle sur les matières de commerce fait sur la place de la Bourse n'aura d'autorité dans les affaires du commerce qu'il n'ait esté présenté à laditte Chambre de commerce et par elle approuvé. »

Un mot d'abord des parères. C'étaient des consultations de droit commercial données par la Chambre sur les espèces qui lui étaient soumises. L'exposé du fait ne devait pas renfermer le nom des parties, lesquelles étaient désignées par un pseudonyme (¹); cette précaution était quelque peu illusoire, sans doute, car dans bien des cas la Chambre connaissait par avance les difficultés sur lesquelles on la sollicitait de formuler son avis. Néanmoins, l'usage persista d'exiger sur ce point un anonymat rigoureux; on en vint à renvoyer à la partie consultante son parère, en la priant de substituer aux noms de famille des prénoms (²) : c'était vraiment le triomphe du formalisme. Les parères de la Chambre n'étaient pas motivés : il y avait là une lacune regrettable, qui fut signalée en vain à cette Compagnie (³); elle conserva ses errements (⁴).

La Chambre, on l'a vu par l'article 11 des lettres d'institution, était l'intermédiaire entre le commerce de la province et le pouvoir. En août et septembre 1705, elle écrivit à Limoges, Périgueux, Agen, Mont-de-Marsan, Dax, Bayonne, etc., pour offrir ses services (⁵); mais une Chambre élue à Bordeaux et composée uniquement de Bordelais ne pouvait représenter que les intérêts bordelais. Les négociants de quelques villes, Mont-de-Marsan et Tartas, par exemple, qui recoururent à elle, purent s'en apercevoir (⁶). Quant aux places de Périgueux (⁷), de

(¹) 15 janvier 1761 (C. 4256).
(²) 21 janvier 1786 (C. 4266).
(³) 6 mai 1786 (C. 4354).
(⁴) Certains parères donnaient, outre 'l'avis de la majorité de la Chambre, l'opinion de la minorité (18 mai 1758, C. 4276) et même d'un seul membre dissident (16 mai 1748, C. 4274). C'est une application de l'article 15 de l'arrêt du Conseil du 21 mai 1705.
(⁵) 22 août et 26 septembre 1705 (C. 4260).
(⁶) 12 mars 1710 (C. 4301). — 28 juin 1721 (C. 4302).
(⁷) 14 décembre 1724 (C. 4252 et 4269). — 11 février 1751 (C. 4255). — 27 janvier 1752 (C. 4255). — 1724-1752 (C. 4412). — 14 décembre 1775 (C. 4257).

Libourne [1] et d'Agen [2], la Chambre fut pour elles non
pas une protectrice, mais une adversaire et une rivale,
notamment quand il fut question de les doter d'une
juridiction consulaire.

En même temps qu'elle restreignait le domaine géo-
graphique de son action, la Chambre, obéissant à une loi
générale, étendait sa compétence à un plus grand nombre
d'objets ; elle suivit le conseil que son député lui donnait
dès 1705 : « Il faut vous attirer toutes les affaires de
commerce que vous pourrés [3]. » En fait, la nature et
les limites de ses attributions n'étaient donc pas très
nettement définies. Il en était souvent ainsi autrefois :
l'ancienne France n'avait pas cet idéal des sociétés égali-
taires de posséder une solution législative pour chacune
des difficultés possibles ; elle se dirigeait non pas tant au
moyen des lois positives que par des principes généraux
et des traditions. La Chambre mit à profit cette indécision : elle revendiqua par moments la personnalité civile
et conclut, par exemple, ce singulier accord avec un
corsaire biscayen pour la protection du commerce bordelais [4] ; elle s'étonna que la Cour des Aides la déboutât
d'une instance, comme inhabile à intervenir dans un
procès [5]. Et, d'autre part, elle protesta qu'elle n'était
pas le représentant légal du commerce toutes les fois que
cette qualité lui attirait un désagrément, soit qu'elle fût
assignée en justice par les Fermes [6], soit qu'elle fût
invitée à présenter des excuses à un fonctionnaire que les
négociants avaient offensé [7]. Dans la réalité des faits, la

[1] 8 août 1765 (C. 4256).
[2] 27 juillet 1775 (C. 4257). — 1775 (C. 4386).
[3] 18 septembre 1705 (C. 4251).
[4] 17 janvier 1711 (C. 4260).
[5] 21 juin 1722 (C. 4264).
[6] 23 août 1753 (C. 4255).
[7] 2 décembre 1754 (C. 2381). — Cf. 7 et 14 nov. 1743 (C. 4254).

Chambre, au moins quand elle était assistée par les notables commerçants, prenait des engagements au nom de la place tout entière, offrant au Roi des subsides, établissant des taxes, sauf approbation du souverain, etc.

Dès les premiers temps, des négociants répugnèrent à s'adresser à la Chambre pour saisir l'administration de leurs doléances et de leurs réclamations [1]; plus tard, nous retrouvons cette habitude, prise par nombre de particuliers, de saisir directement de leurs plaintes les Ministres [2].

La Chambre ne bornait pas ses offices à transmettre au gouvernement les requêtes du négoce; elle transmettait également à celui-ci les décisions de celui-là [3]. Elle était aussi tout indiquée pour aider à l'étude des divers problèmes intéressant le commerce et l'industrie, et l'administration la consultait sur ces matières [4]: concessions de monopoles, moyens à employer pour l'approfondissement des passes, élévation des salaires des divers corps d'états, etc.; on lui demanda un service d'informations commerciales pour la *Gazette de France* [5]; elle nommait une commission pour l'examen des candidats courtiers; elle eut à désigner des officiers de la marine marchande aptes à servir à bord des vaisseaux du Roi: elle fut enfin chargée par l'Intendant de donner son avis sur les demandes de sauf-conduits et de surséances ou de prorogations d'échéances [6].

[1] 13 novembre 1705 (C. 4260).
[2] 21 septembre 1751 (C. 4313). — 11 janvier 1762 (C. 4325).
[3] 20 juillet 1735 (C. 4255). — Les notifications avaient lieu généralement « par la voie de l'affiche ». Sur cet usage, voir 10 juin 1712 (C. 4260), 7 juillet 1757 (C. 4256), etc.
[4] 18, 22 et 28 juin 1714 (C. 4251).
[5] 15 mai 1765 (C. 4256). — 21 novembre 1771 (C. 4257).
[6] 19 juin 1776 (C. 4337). — Cette mesure paraît avoir été inspirée par Bertin (5 février 1768, C. 3488). — Sur le rôle de la Chambre dans ces affaires spéciales, on peut consulter C. 3535, 3536, 3538, 3545, 3546. — Cf. Communay, *Les négociants bordelais*, p. 87-88.

En dehors de ces affaires, dont la Chambre était saisie soit par le commerce, soit par l'industrie, elle prit fréquemment l'initiative d'études et de mesures utiles ; elle songea même à se charger de l'expédition des lettres et de leur distribution à l'arrivée [1] ; elle alla jusqu'à convoquer des assureurs et des négociants pour réglementer la forme des polices d'assurances [2]. C'est que peu à peu, par la force des choses, le souvenir des services rendus et l'ascendant personnel de ses membres conférèrent à la Chambre une autorité extralégale, dont elle ne paraît pas d'ailleurs avoir jamais abusé : en 1755, elle avait frappé une taxe de 30 s. par tonneau sur les navires sauvés des corsaires au moyen d'avertissements qu'elle avait organisés ; la Chambre prit, pour assurer le recouvrement de cette contribution, « des mesures secrètes et d'autorité » [3]. Un jour, elle fit comparaître devant elle un courtier breveté qui avait manqué aux devoirs de sa charge, et elle lui infligea une semonce sévère ; le courtier se retira « après avoir très humblement remercié la Chambre » [4]. Une autre fois, elle adressa aux syndics des pilotes de « vifs reproches » sur la négligence de leur corporation [5]. Pour avoir une idée du soin jaloux avec lequel les directeurs défendaient leur autorité morale, il faut lire la relation de l'affaire soulevée contre un ancien juge et consul, Menoire, qui avait écrit que Boyer-Fonfrède dominait la Chambre : on envoya une délégation à l'Intendant ; on résolut, en présence de celui-ci, d'assembler « le corps de MM. les anciens directeurs » ; enfin, on se réunit en séance extraordinaire pour lire, toujours en

[1] 23 septembre 1780 (C. 4265).
[2] 19 décembre 1786 (C. 4258).
[3] 25 octobre 1755 (C. 4263).
[4] 4 et 25 juillet 1765 (C. 4256).
[5] 25 janvier 1787 (C. 4258).

présence de l'Intendant, la lettre d'excuses du malheureux Menoire, qui paraît surtout coupable d'avoir dit vrai et frappé juste, puisque son allégation avait causé un si vif émoi (¹).

II. — NAVIGABILITÉ DU FLEUVE.

L'une des plus graves questions dont la Chambre du commerce de Guienne ait eu à s'occuper est assurément cette question de la navigation du fleuve, qui conserve toute sa redoutable actualité. L'une des conclusions qui se dégagent le plus vivement des vieux documents analysés plus loin est relative à ce recommencement périodique de l'existence commerciale de notre ville : les problèmes économiques ou sociaux qui nous inquiètent ont passionné nos devanciers; il n'est pas jusqu'à l'accélération des communications entre Bordeaux et Lyon (²), jusqu'aux systèmes d'artillerie rapide et se chargeant par la culasse (³), que les Bordelais d'autrefois n'aient eu à examiner. Sans nul doute, cette constatation renferme pour l'avenir un gage rassurant de stabilité; elle démontre qu'à travers les plus profondes révolutions enregistrées par l'histoire, Bordeaux a conservé dans l'économie générale du pays ses fonctions et sa vitalité propres (⁴).

(¹) 13-25 janvier 1780 (C. 4258).

(²) 1741. Pariset, *La Chambre de commerce de Lyon*, p. 32-33, note. — 14 décembre 1782 (4265). — 12 décembre 1782 et 9 janvier 1783 (C. 4258). — 23 mai 1786 (4354). — 10 juillet 1790 (C. 4368). — Au sujet de la rapidité des communications, il n'est pas hors de propos de signaler le cas de ce courrier qui serait allé de Bordeaux à Versailles en quarante heures (8 septembre 1787, C. 4358). — Cf. 8 mars 1790 (C. 4366).

(³) 1767-1771 (C. 4397). — C'est, paraît-il, un membre de l'Académie de Bordeaux, M. de La Chaumette, qui a eu, vers 1715, l'idée des canons se chargeant par la culasse. (Leblond, *L'Artillerie raisonnée*, p. 143-144.)

(⁴) On cite fréquemment le cas du port de Nantes pour prouver que le port de Bordeaux est voué à une ruine prochaine. J'ignore si la basse Garonne et la Gironde sont fatalement condamnées à s'ensabler comme

La navigation à l'entrée de la Gironde intéressait à peu près exclusivement Bordeaux ; or, Cordouan était d'abord attribué à l'intendance de La Rochelle ; il y avait là une anomalie contre laquelle la Chambre réclama [1] d'autant plus vivement que l'entretien du phare laissait fort à désirer : les feux n'était pas régulièrement allumés [2], ce qui entraînait de fréquents naufrages. A la fin du siècle encore, le commissaire ordonnateur pouvait écrire que, malgré les précautions prises pour le balisage de la Gironde, « un grand nombre de bâtimens » [3] se perdaient à l'entrée du fleuve. La Chambre espérait, non sans raison, que l'intendant de Bordeaux se rendrait plus vivement compte des inconvénients d'un tel état de choses. Elle eut gain de cause en 1721 [4]. Elle poursuivait un autre but, qui était de se faire charger elle-même de l'entretien du feu de la tour, moyennant une taxe dont le produit lui aurait été abandonné [5]. Elle reçut mission, en effet, de s'occuper de travaux d'exhaussement et de

la Loire ; mais l'exhaussement des fonds de la Loire causait depuis longtemps une gène considérable, lorsque Nantes a atteint à son apogée. Voici, à ce sujet, un document qui m'a paru présenter un certain intérêt. C'est une déclaration reçue à l'Amirauté de Guienne le 4 décembre 1645 : Pierre Dupuy, maître d'un bâtiment de Nantes, du port de 70 tonneaux, arrivant de cette ville, « déclare que la rivière de Nantes est si fort aterrye par le nombre de sable qui y ont esté jettés puis douze ans par les Flamans, en sorte qu'il est impossible qu'une barque de vingt thonneaux en hault puisse naviguer qu'en haulte mer, et les vaisseaux sont contraintz de faire leur charge et leur descharge au lieu de Pinbeuf, distant de huit grandes lieues de la ville de Nantes, ce qui cause aux marchans des frais immences. » (Fonds de l'Amirauté de Guienne. Déclarations à l'entrée. Registre coté provisoirement 152, fol. 33.)

[1] 14 décembre 1719 (C. 4252). — 16 décembre 1719 (C. 4261). — 30 juin 1721 (C. 4261).

[2] 3 et 17 février 1707 (C. 4251). — 22 mars 1708 (*Ibid.*). — 13, 20 janvier, 7 et 20 février 1718 (C. 4252). — 9 décembre 1719 (C. 4261). — Etc.

[3] 18 décembre 1787 (C. 4358. Voir aux pièces justificatives.)

[4] 11 septembre 1721 (C. 4252).

[5] 22 juin 1720 (C. 4261). — 6 décembre 1720 (C. 4268). — 13 septembre 1787 (C. 4258). — 24 décembre 1787 (C. 4266). — 14 mai 1789 (C. 4259). — Etc.

percevoir des droits dans ce but [1] ; mais elle n'eut jamais, en ce qui concerne Cordouan, que des mandats temporaires [2].

Elle s'inquiéta, à plusieurs fois, du balisage de la basse Gironde, du rétablissement de la pyramide de la Coubre [3], de la conservation du clocher de Soulac [4], etc.

Pour assurer le service des informations touchant les faits survenus à l'embouchure, la Chambre nomma, dès 1706, à Royan, un commis [5], qui fut suspendu en 1709 [6], rétabli dans ses fonctions en 1712 [7] et révoqué par ordre du Roi en 1713 [8].

La navigabilité de la Gironde [9], le « régime du fleuve », l'état des passes sont des objets si difficiles et si importants à la fois qu'il serait téméraire de les aborder sans

[1] 15 novembre 1725 (C. 4252). — 31 mai 1726 (*Ibid.*).

[2] Il semble que l'administration de la Marine ait poursuivi à Cordouan des expériences sur l'éclairage des phares par les réverbères : la Chambre, surtout préoccupée, comme il convenait, de l'intérêt pratique et immédiat de la question, demanda instamment, avec les armateurs, le retour à l'éclairage par le feu de charbon (20 décembre 1786, C. 4355). — 21 décembre 1786 (C. 4255). — 16 janvier 1787 (C. 4266). — 22 décembre 1787 (C. 4266). 9 septembre 1790 (C. 4259).

[3] 17 avril 1717 (C. 4261). — 1er mars et 16 avril 1788 (C. 4356). — 11 mai 1789 (C. 4363).

[4] 10 et 24 décembre 1716, 3 avril 1717, 15 et 28 avril 1717, 13 mai 1717, 28 juin 1718 (C. 4252).

[5] 25 novembre 1706 (C. 4251). — 21 mars 1707 (C. 4260).

[6] 3 octobre 1709 (C. 4251).

[7] 11 février 1712 (C. 4251).

[8] 14 décembre 1713 (C. 4251).

[9] La Chambre accueillit avec faveur l'idée d'un canal entre la Seudre et la Gironde (3 avril 1789, C. 4266). Ce canal aurait rendu notamment les plus réels services en temps de guerre ; les caboteurs auraient évité, en passant des pertuis dans la Gironde, les parages de Cordouan, où se tenaient les corsaires. — Par contre, la Chambre marqua peu d'enthousiasme pour les projets destinés à faciliter les communications entre les deux mers ; elle adressa à ce sujet aux consuls de Cette une leçon pleine de bon sens et qui pourrait être profitable même aux générations actuelles : « Permettés-nous de vous représenter, Messieurs, qu'il ne nous appartient point de délibérer sur des matières que nous ne connoissons pas. » (18 novembre 1771, C. 4264.)

y être préparé de longue date. Je me suis du moins attaché à consigner dans l'inventaire-sommaire les moindres indications y relatives. Il semble en résulter cette conclusion rassurante que le fleuve ne « vieillit » pas autant qu'on le croit (1). Ce qui change, ce n'est pas

(1) Les bâtiments qui fréquentaient la rade de Bordeaux étaient jadis beaucoup plus nombreux et plus petits ; c'est un fait bien connu. Le temps n'est plus où ce port pouvait renfermer sept à huit cents navires ou galares et fournir à la marine de guerre des capitaines expérimentés, bien qu' plus de 150 vaisseaux fussent dehors (21 avril 1781, C. 4265). Les navires, comme les entreprises industrielles ou commerciales, comme les nations elles-mêmes, diminuent en nombre et augmentent en importance : c'est l'inexorable loi de l'écrasement du faible par le fort. En 1730, les navires armés à Bordeaux pour l'Amérique jaugeaient de 80 à 300 tonneaux. (Francisque-Michel, *Histoire du commerce à Bordeaux*, t. II, p. 285. — Cf. Malvezin, *Histoire du commerce de Bordeaux*, t. III, p. 38. — 10 septembre 1740, C. 4262.) On sait que l'ordonnance sur la marine (liv. II, tit. X, § 5) fixe la valeur du tonneau à 42 pieds cubes, soit environ, en prenant 0^m3248 comme valeur du pied linéaire, 1^{m3}437. Ainsi, 80 tonneaux d'autrefois en valent à peu près 120 d'aujourd'hui. En 1748, un mémoire de la Chambre donne comme maximum du tonnage « d'encombrement » 500 tonneaux (10 août 1748, C. 4408). Dans une liste des navires en armement à Bordeaux en 1781, nous trouvons : 10 navires de 250 à 300 tonneaux ; 1 de 301 à 350 ; 8 de 351 à 400 ; 5 de 401 à 450 ; 2 de 451 à 700 ; 1 de 501 à 550 ; 1 de 600 (18 juillet 1781, C. 4345). L'année suivante, un état signale comme étant en construction dans les chantiers de Bordeaux : 2 navires de 300 tonneaux, 1 de 360, 3 de 400, 2 de 450, 3 de 500, 1 de 560, 1 de 600, 1 de 650, 1 de 750, 1 de 800 (Janvier 1782, C. 4397). Les *Étrennes de la Poste maritime de Bordeaux* renferment un état des navires bordelais armés pour le commerce des colonies ou pour la traite ; elles indiquent, en 1784, en outre des bâtiments d'un tonnage inférieur, 6 navires de 550 tonneaux, 22 de 600 tonneaux, 4 de 650, 4 de 700, 2 de 750, 1 de 850, 1 de 900, 1 enfin de 1.100 tonneaux ; et, en 1788 : 6 navires de 550 tonneaux, 35 de 600, 1 de 650, 4 de 700, 5 de 800, 2 de 900 (Cf. Communay, *Les négociants bordelais*, p. 23-29). On voit que la capacité des navires tendait à s'accroître rapidement. En 1724, on considérait comme étant « d'une grandeur extraordinaire » un hambourgeois d'environ 600 tonneaux (14 décembre 1724, C. 4269.) En 1698, l'intendant de Bezons mentionnait comme un événement l'arrivée en rade de Bordeaux d'un navire de 500 tonneaux (Mémoire manuscrit, f° 49, v°. — Cf. 1740, C. 4399). Ces bâtiments naviguaient péniblement en basse Garonne : le hambourgeois avait dû confier à des allèges une partie de sa cargaison, et les navires de 500 tonneaux ne pouvaient descendre, au dire de l'Intendant, que par les fortes marées, « trois jours avant ou après le renouveau ou le plein de la lune. » *(Loc. cit.)* Un mémoire de 1740 parle, comme d'une pratique usuelle, de « déchargements faits au delà des passes » (C. 1620). Assurément, le tirant d'eau ne croit pas dans les mêmes proportions que le tonnage ; mais les considérations qui précèdent n'en ont pas moins une

tant la profondeur de l'eau, c'est surtout la calaison des bateaux qu'elle doit porter ([1]).

Les phénomènes survenus dans les fonds de la rivière étaient notés par les pilotes et transmis à la Chambre, qui s'enquérait des causes de ces changements ([2]). Jusque vers la fin du siècle, on ne paraît pas avoir assez étudié l'influence exercée sur l'état des passes par les causes naturelles : apports du fleuve et du flot, ravinements sous-fluviaux par les courants, etc. ; on était trop enclin à attribuer l'envasement au jet du lest, de débris

certaine portée. Nous savons d'ailleurs positivement qu'en 1730 un tirant d'eau de 15 pieds était considéré comme un maximum ; si le navire immergeait davantage, on l'allégeait pour traverser les passes (13 juillet 1730, C. 4253 ; 11 décembre 1731, C. 4262). En 1733, la situation avait empiré auprès de l'île du Pâté, peut-être par suite des érosions que cette île avait éprouvées (26 juillet 1726, C. 1630) : les vaisseaux calant plus de 13 pieds étaient tirés à bras par la garnison du fort du Pâté (6 août 1733, C. 4253). En 1769, les pilotes demandèrent que l'on respectât le règlement qui fixait à 14 pieds la calaison maximum (21 décembre 1769, C. 4257. — Cf. 6 octobre 1779, C. 4385). — On trouverait des indications précieuses dans cet ordre d'idées en dépouillant les archives de l'Amirauté de Guienne ; voici deux faits que j'ai recueillis par hasard en cherchant tout autre chose : en 1656, un pilote expose qu'il a dû mouiller les ancres au lieu du Pan (?) « pour ne pouvoir passer aud. lieu en basse mer, pour n'y avoir de profondeur que six à sept pieds d'eau, et encores le canal fort estroit et le navire quy calloit douze pieds » (Liasse cotée provisoirement 525). La même année, un pilote réclamait son pilotage, bien que le navire eût touché à la passe de Montferrand : « Comme la rivière est extrêmement mauvaize, » dit-il, « il ne se peut sy bien faire que la pluspart des bastimens, quoyque conduictz par pilotes, ne touchent et nottamant du dessandant. » (Liasse cotée provisoirement 524.) — Le fonds de l'Amirauté de Guienne, si on l'étudiait avec suite, fournirait quantité de renseignements sur cette question et sur bien d'autres : j'y ai constaté, par exemple, l'emploi de l'huile pour calmer les vagues.

([1]) Baurein regrettait, vers 1785, que M. de Bitry eût projeté, en 1726, pour l'amélioration du port de Royan des travaux insuffisants. « Cet ingénieur, » disait-il, « ne s'imaginoit pas sans doute qu'il dût sortir du port de Bordeaux des navires de 700 tonneaux et au delà. » (*Variétés bordeloises*, t. 1, p. 69-70.) Baurein, à son tour, ne prévoyait probablement pas nos paquebots gigantesques.

([2]) Sur les travaux relatifs à la cartographie du fleuve, on peut voir : une carte de Lamothe (C. 3716) ; pour les études du même Lamothe et de Géraud : 31 juillet 1749 (C. 4255) et 1753-54 (C. 4421) ; pour les cartes de Magin : 2 décembre 1756 (C. 4256), 6 décembre 1764 (C. 4256) ; pour une carte depuis La Tresne jusqu'à Pauillac : 1764-1765 (C. 4420 et C. 4422) ; pour la carte de Kearney : 2 août 1770 (C. 4257) ; etc.

de pierres de La Roque-de-Thau ou de détritus, et à la construction des jetées transversales ou *peyrats* (¹). La Chambre, préoccupée des difficultés que la navigation éprouvait, proposa d'entretenir à Pauillac un jaugeur de lest, pour empêcher que les navires ne s'allégeassent pendant le trajet (²). Vers la fin surtout, on émit sur l'exhaussement des fonds des considérations dont je ne puis apprécier la valeur, mais d'apparence scientifique, et qui tiennent compte de l'effet des courants (³).

Les moyens proposés pour l'approfondissement des passes étaient non moins insuffisants (⁴) que les théories destinées à expliquer l'ensablement : on demandait en 1772 qu'on remuât le sable avec des grappins pendant le jusant (⁵). Ces expédients enfantins suggérèrent au commissaire-ordonnateur Prévost de Lacroix une judicieuse observation, sur la nécessité de se livrer à de sérieuses études préliminaires et de consacrer ensuite à l'exécution des travaux des ressources importantes (⁶).

(¹) 21 février 1732 (C. 4253). — 13 décembre 1764 (C. 4256). — 10 janvier et 28 février 1765 (C. 4256). — 28 mai, 17 juillet et 4 octobre 1766 (C. 4257). — 8 et 15 juillet 1770 (C. 4258). — 10 mai et 20 juin 1781 (C. 4258). — 24 mars 1788 (C. 4359). — 12 avril 1788 (C. 4266). — 12 juin 1788 (C. 4259).

(²) 1731 (C. 4383).

(³) Voir notamment : 6 mars 1788 (C. 4359). — 1789 (C. 4389).

(⁴) Sur les projets de ce genre : 13 juillet 1758 (C. 4256). — 7 août 1788 (C. 4259).

(⁵) 27 août 1772 (C. 4257).

(⁶) 14 août 1788 (C. 4259).

CHAPITRE VI

Les principes de la Chambre.

I. — ASPIRATIONS POLITIQUES ET ÉCONOMIQUES DE LA CHAMBRE.

La conduite de la Chambre était dirigée par les inspirations de son bon sens, par les conseils de son expérience pratique, plutôt qu'elle ne résultait de l'application de principes raisonnés. Au point de vue des idées, l'histoire de la Chambre est l'histoire de toute la bourgeoisie française de ce temps : en politique, un dévouement absolu à la royauté ; en matière de foi, une religion plus démonstrative peut-être que sincère. Vers la fin de l'ancien régime, les directeurs ont lu Rousseau et ils adoptent certaines de ses théories les plus hardies [1]. Dans leur conduite, on retrouve les aspirations du Tiers : ils défendent notamment avec énergie la dignité de la marine marchande contre l'aristocratique dédain des officiers de vaisseau [2]. La Chambre comprenait d'ailleurs

[1] 5 janvier 1788 (C. 4266).

[2] 4 janvier 1746 (C. 4263). — L'affaire Réau et L'Étanduère eut un douloureux retentissement dans tous les ports (Voir Garnault, *Le commerce rochelais*, t. III, p. 159-168). — Dans le même ordre d'idées, voir les représentations en faveur d'un négociant du Cap enfermé par le Général (16 novembre 1780, C. 4258).

l'égalité comme la bourgeoisie la comprenait alors, dans ce sens qu'elle voulait s'élever au rang de la noblesse et au-dessus de ses anciens pairs. Toute la société commerciale de Bordeaux avait, au fond, la passion des exemptions et des privilèges. Les juge et consuls de La Rochelle ayant demandé si à Bordeaux les fils de négociants étaient astreints à la milice, la Chambre répond que le commerce ne se soumettrait pas sans protester à « une sujettion si révoltante » (1). C'est précisément au sujet de la milice que divers mémoires furent rédigés, dans lesquels s'accuse cet état d'esprit : les marchands drapiers, dont les commis « sont des jeunes gens de famille », s'indignent d'être « confondus dans la cathégorie des artisans ou petits « marchands »; les marchands de poisson salé, les droguistes et épiciers ne supportent pas qu'on puisse « les mettre dans la même classe des artisans, petits marchands et gens de travail »; les toiliers se révoltent à la pensée qu'on cherche à « confondre... leurs élèves et commis avec la populace,... avec le tailleur d'habits, le cordonnier, le savetier, le portefaix » (2). La Chambre elle-même, on le sait, aspirait ardemment à obtenir pour ses membres des prérogatives nobiliaires.

De même qu'elle réclamait l'égalité, de même la Chambre revendiquait la liberté, j'entends la liberté commerciale. On a dit qu'elle était libre-échangiste; cette proposition est vraie, comme elle est vraie, d'ailleurs, des assemblées de toutes les provinces agricoles (3), mais avec une restriction : la Chambre était libre-échangiste toutes

(1) 22 janvier 1774 (C. 4264).
(2) 1743 (C. 4379).
(3) C'étaient les provinces industrielles qui étaient protectionnistes, par crainte de la concurrence anglaise ; les provinces agricoles, au contraire, demandaient l'abaissement des tarifs (3 février et 1er mars 1721, C. 4302).

les fois qu'ils s'agissait de Bordeaux (¹). Elle ne se laissait point fasciner par « ce mot de liberté, qu'il fa[u]drait définir avec exactitude chaque fois qu'on en fait une aplication nouvelle » (²); elle ne considérait pas la liberté des échanges comme un dogme économique, mais comme un expédient, comme une formule essentiellement contingente et variable. Un membre de la Chambre de Lyon, qui a examiné naguère l'œuvre de cette Compagnie avec une indépendance et une hauteur de vues remarquables, M. Pariset, a bien mis en lumière cette vérité (³) : il a exposé l'hostilité des Lyonnais du XVIIIᵉ siècle à l'égard de toutes les mesures qui pouvaient favoriser les autres places. La jurade de Bordeaux interdisant la fabrication de la bière (⁴) ou le transit des biscuits (⁵) obéissait au même esprit étroitement protectionniste que la Chambre de Lyon demandant l'arrestation immédiate des promeneuses habillées d'indiennes (⁶). On peut, en changeant le seul nom de la ville, appliquer à la Chambre de Bordeaux le jugement de M. Pariset sur la Chambre de Lyon : « Dans toutes ses délibérations, on voit que la Chambre de commerce n'a qu'un objectif » et un principe : « l'intérêt *bordelais* » (⁷). En voici une preuve : le gouverne-

---

(¹) Encore faut-il faire des réserves : en 1762, la Chambre ne pensait pas qu'il fallût abolir les droits de sortie sur les céréales, les bestiaux, les huiles, alcools, etc., sans doute à cause des disettes possibles (11 juillet 1761, C. 4264). — Elle approuva les mesures prises par les jurats pour interdire les transports de biscuit entre Rions et le Bec-d'Ambés, mesures destinées à protéger les biscuiteries de Bordeaux. (Examiné au Conseil royal de commerce, le 27 novembre 1737. D'après l'inventaire.)

(²) 7 décembre 1790 (C. 4266).

(³) Pariset, *La Chambre de commerce de Lyon*, t. I, p. 33, 123, 130, 145, etc.

(⁴) Francisque-Michel, *Histoire du commerce et de la navigation à Bordeaux*, t. II, p. 145. — Brives-Cazes, *Épisodes du système prohibitif en Guienne*, p. 37-39.

(⁵) 8 janvier 1739 (C. 4254). — 1739 (C. 4392).

(⁶) Pariset, *op. cit.*, t. I, p. 59.

(⁷) *Id.*, t. I, p. 145.

ment ayant élevé les droits perçus à l'entrée sur les fromages, dans le but de protéger les fromageries d'Auvergne, la Chambre écrivit au député : « Ce dernier (le fromage d'Auvergne) est d'un petit objet *quand à nous,* au lieu que ceux qui viennent de l'étranger... donnent occasion à un remuement d'affaires quy ne laisse pas que d'être avantageux (¹). »

S'inspirant de ces considérations, la Chambre combattit successivement : l'admission des muscats sur le port de Bordeaux (²), le commerce des alcools de cidre et de poiré, l'importation des tafias (³), l'introduction des drogueries et merceries par le port de Cette (⁴) et des denrées coloniales par le port de Saint-Malo (⁵), la franchise du port de Saint-Malo (⁶), qui donna lieu à l'une des grosses affaires du siècle, la liberté pour les ports de Saint-Valéry (⁷) et de Libourne (⁸) d'armer pour l'Amérique, l'admission des étrangers aux colonies, etc. En 1790 encore, elle demandait que l'on supprimât la franchise des ports de Dunkerque, Lorient et Bayonne (⁹).

Ce n'est pas un reproche que j'adresse à l'ancienne Chambre de commerce de Guienne ; elle avait pour

---

(¹) 2 janvier 1734 (C. 4262).

(²) 19 décembre 1715 (C. 4252).

(³) 27 juin 1752 (C. 4263). — La Chambre de Saint-Malo prôna une mesure plus radicale : pour mettre fin aux plaintes des colons qui ne pouvaient pas écouler les tafias, elle proposa de leur en interdire la distillation (4 janvier 1764, C. 4327).

(⁴) 4 décembre 1728 (C. 4269). — Examiné au Conseil royal de commerce, le 23 décembre 1728. (D'après l'inventaire.)

(⁵) 4 mars 1734 (C. 4253).

(⁶) Voir C. 1611 et 1633. — 31 janvier 1737 (C. 4253). — 1733-1758 (C. 4391). - 14 décembre 1758 (C. 4256). — Pariset, *op. cit.,* t. 1, p. 33. — Foulon, *Représentation légale du commerce en France,* p. 83-84. — Garnault, *op. cit.,* t. III, p. 57-71.

(⁷) Janvier 1741 (C. 4262).

(⁸) 15 août 1752 (C. 4263).

(⁹) 16 janvier 1790 (C. 4265).

mission de défendre non des théories abstraites, mais des intérêts positifs, et certes elle s'est vaillamment acquittée de sa tâche. Mon unique but est de contribuer à renverser une légende qui tend à se former et de prouver, par une simple énonciation des faits, la proposition formulée ci-dessus, à savoir : que la Chambre était principalement guidée par son entente pratique des affaires et non par des notions générales qui n'étaient guère de son temps.

II. — LES MONOPOLES.

L'un des points sur lesquels la Chambre professait des principes absolus était la lutte contre les compagnies privilégiées. Ce n'est pas qu'elle eût dans l'initiative individuelle une confiance exagérée ; loin de là, elle sollicitait assez aisément l'intervention de l'État dans des entreprises d'ordre purement privé. Mais elle suivait le mouvement de réaction, excessif comme toutes les réactions, contre les abus des grandes compagnies de colonisation et autres : elle s'était donc posée en adversaire déterminée des sociétés de ce genre, et en était venue à dire que les particuliers réussissent toujours mieux, même dans les affaires qui exigent des mises de fonds considérables (¹).

C'est ainsi qu'elle résista aux projets pour la fondation des compagnies d'assurances. Les assureurs, quelque puissamment riches qu'ils fussent, étaient, à de certaines époques, voués à un effondrement certain. Pendant les longues guerres maritimes du siècle, les corsaires et la marine royale d'Angleterre infligèrent à la place de Bor-

---

(¹) 18 août 1787 (C. 4266). — Cf. 20 décembre 1764 (C. 4256). — Sur les opinions professées au xviiie siècle relativement aux Compagnies, voir l'ouvrage de M. Bonnassieux : *Les grandes compagnies de commerce,* liv. V, chap. I.

deaux des pertes désastreuses; quand une flotte était
enlevée, c'est par vingtaine de millions que se chif-
fraient les prises. Or, en un siècle où la richesse mobilière
n'avait pas atteint le développement excessif qu'elle a
depuis acquis, nulle fortune particulière ne pouvait sou-
tenir des coups pareils. Tourny constatait que les assureurs souscrivaient des engagements pour des sommes
dix fois supérieures à leurs ressources [1]. En 1713, un
sieur de Lezar forma le projet de créer des chambres
d'assurances dans les principales villes du royaume [2];
la Chambre de commerce s'y opposa. Plus tard, Tourny
songea à une sorte de société d'assurances mutuelles
pour les armateurs bordelais, « composée d'une cinquan-
taine de ce qu'il y a de meilleur parmy eux [3]; » il
paraît, il est vrai, avoir fait adopter par la Chambre ses
vues, qui furent reprises et réalisées en 1755 [4] pour
parer aux éventualités d'une guerre imminente; mais,
plus tard, le maréchal de Mouchy étant revenu à l'idée
d'une chambre unique d'assurances pour Bordeaux, les
directeurs du commerce résistèrent avec énergie [5].

Un second point sur lequel la Chambre fut amenée à
professer des idées arrêtées est le régime du commerce
colonial. Les colonies étaient considérées comme un
instrument de fortune créé dans le seul intérêt de la
métropole. « L'objet de ces colonies, » a dit Montesquieu,

[1] 7 avril 1744 (C. 1639). — Sur les assurances maritimes à Bordeaux,
voir Brives-Cazes, *Épisodes du système prohibitif*, p. 22.

[2] 28 et 30 septembre 1713 (C. 4251 et 4261).

[3] 7 avril 1744 (C. 1639). — La Chambre délibéra le 8 avril sur un
projet analogue et décida de le soumettre à l'Intendant et au Premier
Président (C. 4254). Il est assez difficile de dire à qui appartenait la
priorité de cette idée, qui fut approuvée par le Conseil royal de commerce
le 30 avril 1744. (Délibérations. D'après l'inventaire.)

[4] Malvezin, *op. cit.*, t. III, p. 47.

[5] 11 mars 1783 (C. 4266; C. 4376).

« est de faire le commerce à de meilleures conditions
qu'on ne le fait avec les peuples voisins, avec lesquels
tous les avantages sont réciproques. On a établi que la
métropole seule pourroit négocier dans la colonie; et cela
avec grande raison, parce que le but de l'établissement a
été l'extension du commerce, non la fondation d'une
ville ou d'un nouvel empire. Ainsi, c'est encore une loi
fondamentale de l'Europe, que tout commerce avec une
colonie étrangère est regardé comme un pur monopole
punissable par les lois du pays (¹). »

C'était très exactement la théorie de la Chambre, qui
estimait que la métropole avait sur le territoire de la
colonie non pas seulement une juridiction politique, mais
encore un droit de propriété (²), de telle sorte que les
titres des colons se réduisaient à de simples concessions.
A la métropole seule il appartenait donc de trafiquer des
riches produits des Iles (³), qu'elle se réservait même
d'exclure de tout commerce quand ils faisaient concurrence à ses propres industries (⁴). Seule, la métropole
avait le pouvoir d'approvisionner les colonies de farine,
de morue et de salaisons pour les esclaves, de bois, en
un mot de tous les objets nécessaires à l'existence et au
luxe; car le luxe florissait parmi les colons, et la Chambre ne manqua pas de leur en faire le reproche (⁵).

En réalité, les colons commerçaient frauduleusement
avec l'étranger, et certaines îles, comme Sainte-Lucie,
servaient d'entrepôts. Contre cette admission des « inter-
lopes » les négociants de Bordeaux, de Nantes, de La

(¹) *Esprit des lois*, liv. XXI, c. 21.
(²) 22 avril 1756 (C. 1638). — 5 juin 1773 (C. 4264). — Surtout 25 novembre 1775 (C. 4265.)
(³) La Chambre portait à 110 millions le chiffre annuel des importations
des colonies; 70 millions étaient revendus à l'étranger (1765, C. 4381).
(⁴) Juin 1752 (C. 4274).
(⁵) 25 février 1726 (C. 4262). — 16 janvier 1777 (C. 4338).

Rochelle élevèrent d'incessantes réclamations, qui provoquaient de la part des Ministres l'expression d'un étonnement plus ou moins sincère (¹). Le fait est que les
Antilles sont bien loin de la France et qu'il était difficile
de les surveiller. On y envoyait, à la vérité, des intendants; mais ces administrateurs, quand ils avaient des
propriétés dans les Iles, prenaient le parti des colons (²),
et l'étranger avait d'ailleurs, c'est la Chambre qui le dit,
des moyens fort efficaces pour endormir leur vigilance.
Il paraît certain, en effet, que la contrebande se pratiquait
sur une vaste échelle : on parlait, en 1722, de quarante
navires anglais qui commerçaient simultanément à la
Martinique (³).

Les colons se plaignaient, de leur côté, que la France
les laissât manquer des marchandises même les plus
nécessaires, et il semble bien que leurs représentations
étaient parfois fondées; ils protestaient aussi contre
l'inutilisation systématique des tafias, dont la vente eût
porté préjudice aux provinces viticoles. Le gouvernement
voulut faire la part du mal, et il créa dans les Iles
françaises des ports francs, où l'étranger était librement
admis; la Chambre s'éleva avec force contre cette dérogation aux principes du droit colonial (⁴).

En temps de guerre maritime, la question se compliquait : il devenait difficile, souvent impossible, de
ravitailler les possessions d'outre-mer et de les débarrasser de leurs productions. Bordeaux lutta parfois dans
ce but avec une ténacité vraiment admirable : ni l'enlèvement de ses navires et de leurs cargaisons, dont

(¹) 18 juillet 1747 (C. 4263). — 18 novembre, 9 décembre 1784 (C. 4258
et 4265), etc.
(²) 20 mai 1789 (C. 4363).
(³) 10 juin 1722 (C. 4252).
(⁴) 25 novembre 1775 (C. 4265).

chacune valait une fortune, ni la rareté des matelots, ni les revers et les obstacles de tous genres ne purent abattre son intrépide activité [1]. Il fallut bien céder cependant à la force irrésistible des événements, et la Chambre, après avoir combattu l'admission des neutres aux colonies, dut solliciter pour eux l'expédition de passeports du Roi [2].

III. — L'ESCLAVAGE.

Sur le principe même de l'esclavage, la Chambre eut le bon esprit de n'avoir pas d'opinion ; le fait est qu'il eût été difficile d'émettre une théorie qui fût conforme en même temps aux intérêts que la Chambre avait mission de protéger et à la raison.

La traite des noirs est l'un des points les plus intéressants de l'histoire du commerce ; dans aucune branche du négoce on ne dépensait une pareille somme d'initiative et de courage. Des navires, dont quelques-uns d'un tonnage infime [3], presque des chaloupes, partaient pour la côte d'Afrique, chargés de marchandises ; parfois ils poussaient jusqu'à l'Inde pour assortir leur cargaison ; arrivés en Afrique, ils échangeaient les tissus, les fusils, la poudre, l'eau-de-vie, etc., contre des noirs. Ces opéra-

[1] 25 juin 1782 (C. 4347).
[2] 1744-1750 (C. 1610).
[3] Voir un état des navires ayant obtenu des permissions d'armer pour la Guinée en 1763-1765 (C. 4383) : le port de Nantes avait envoyé un bâtiment de 15 tonneaux, un de 30, un de 50 et divers dont le plus grand jaugeait 300 tonneaux. Cet emploi des petits bâtiments était raisonné : les esclaves souffrant de la nostalgie tant qu'ils étaient en vue de la côte d'Afrique, il y avait intérêt à compléter la cargaison et à lever l'ancre le plus rapidement possible. (Raynal, *Histoire politique et philosophique des établissements et du commerce des Européens dans l'Inde, t. IV, p. 150.*)

tions n'allaient pas sans de grands dangers (¹), tant à cause
de l'insalubrité du climat que par suite de la férocité des
populations ; parfois les noirs se révoltaient, et, pour se
défendre, l'équipage les massacrait sans pitié (²). Quand la
traite était achevée, le capitaine transportait aux Antilles
son bétail humain ; il le vendait, achetait des denrées
coloniales et retournait au port de départ, après une
navigation qui pouvait durer plus de deux ans. On juge
de ce qu'un marin acquérait, à ce rude métier, d'habileté
et d'énergie.

On évaluait à 500,000 le chiffre des esclaves vivant
dans les colonies françaises et à un vingtième la moyenne
de la mortalité annuelle (³). C'est donc 25,000 noirs
qu'elles engloutissaient tous les ans (⁴). « La mortalité
de cette espèce est quelque chose d'affreux, » écrivait la
Chambre, « et il est étonnant que toutes ces races
d'hommes aillent s'engloutir sans presque laisser de rejet-
tons (⁵). » C'était un grave sujet de souci, parce qu'il
fallait prévoir le jour où la fécondité de la terre afri-
caine (⁶) ne suffirait plus à cet effroyable gaspillage d'exis-

(¹) Les parères signalent fréquemment les décès de capitaines survenus
au cours de la traite. — Cf. 12 avril 1777 (C. 4265). — 21 février 1788
(C. 4280).

(²) 1ᵉʳ avril 1784 (C. 4279). — 15 janvier 1789 (C. 4280). — Les polices
d'assurances prévoyaient les pertes « pour cause de révolte, de combat », etc.
(Ibid.). — 14 avril 1791. Mention d'une révolte à bord d'un négrier ;
l'équipage ayant fait feu, 25 noirs sont tués et 5 mortellement blessés
(C. 4280).

(³) 3 février 1787 (C. 4266).

(⁴) Vers 1750, on avait importé en 6 ans 85,000 nègres (2 mai 1752,
C. 4314). En 33 ans, de 1728 à 1760, le chiffre s'était élevé à 203,522 noirs,
et en 6 ans, de 1750 à 1756, à 73,222 noirs (C. 4383 ; 7 décembre 1762,
C. 4264). En 1776, plus de 18,000 noirs furent introduits à Saint-Domingue
(6 octobre 1777, C. 4338). En 1786, la même colonie reçut 25,732 noirs
(29 décembre 1787, C. 4259).

(⁵) 7 octobre 1786 (C. 4266).

(⁶) La Chambre du Havre estimait que l'Afrique pouvait fournir 75
à 80,000 noirs par an (14 décembre 1786, C. 4355). L'abbé Raynal réduisait
ce nombre à 60,000 (Op. cit., t. IV, p. 145).

tences humaines : tandis que la traite subissait un
« accroissement considérable » (¹), à ce point qu'on son-
geait à une plus vaste installation de l'entrepôt des marchandises pour la Guinée (²), la côte s'épuisait, il fallait
tirer les noirs du centre, et le prix de revient en était
sensiblement accru (³); aussi les Chambres demandaient-
elles que les colons fussent moins prodigues des forces
et de la vie de leurs esclaves.

Des recommandations analogues auraient pu être
adressées aux capitaines négriers; le manque de soins,
la tristesse des malheureux arrachés à leur pays, l'an-
goisse qui les étreignait en présence de l'inconnu de
leur destinée, l'entassement à bord des navires, ces
diverses causes entraînaient des épidémies et emportaient
parfois tous les nègres de la cargaison, ce qui excitait de
la part des négociants une vive commisération pour les
armateurs (⁴); certains captifs s'étouffaient « en avalant
leur langue » ou se jetaient à la mer (⁵).

Il n'eût pas été superflu non plus de rappeler aux colons
que les noirs étaient des hommes ayant droit au respect
de leur dignité : on sait que les esclaves étaient étampés
à la marque de leur propriétaire, comme des bêtes de

(¹) 14 juillet 1786 (C. 4266). — Cf. 12 mai 1774 (C. 4335).
(²) Vers le 23 mai 1786 (C. 4354).
(³) 8 avril 1786 (C. 4354). — 14 décembre 1786 (C. 4355).
(⁴) 30 juillet 1748 (C. 4263).
(⁵) Savary, *Dictionnaire du commerce*, au mot *Nègres*. — Voici
quelques indications que j'ai rencontrées sur la mortalité au cours de la
traite : le premier chiffre indique le produit brut de la traite, en têtes
d'esclaves; le second chiffre désigne le nombre des décès : 208, 60
(C. 4273, fol. 2). — 378, 180 (1738, C. 4383). — 342, 111 (15 décembre 1739,
C. 4262). — 200, 15 (10 décembre 1750, C. 4275). — 313, 20 (12 avril 1777,
C. 4265). — 300, 20 décès dans les quinze premiers jours (24 novembre 1785, C. 4280). — 584, 79; 390, 29; 313, 20; 246, 8; 492, 8; 551, 23;
462, 36; 361, 2; 400, 20; 354, 46 (1786, C. 4383). — 150, 50 (24 janvier 1788,
C. 4280). — 333, 231 brûlés dans un incendie, partie des autres avaient
été blessés (18 décembre 1788, C. 4280). — 291, 9 (30 décembre 1790,
C. 4280).

somme (¹), et nous voyons par une déclaration de la ville de Port-au-Prince que certaines négresses étaient, à la façon des juments poulinières, employées à la reproduction (²).

Il eût été difficile de légitimer un pareil état de choses : « Le sucre seroit trop cher, » disait Montesquieu, « si l'on ne faisoit travailler la plante qui le produit par des esclaves.

» Ceux dont il s'agit sont noirs depuis les pieds jusqu'à la tête, et ils ont le nez si écrasé qu'il est presque impossible de les plaindre (³). »

Montesquieu, qui avait le nez un peu long et infiniment d'esprit, prétendait résumer dans cette boutade l'opinion de ses contemporains; mais il est quelqu'un qui a plus d'esprit que Montesquieu, c'est tout le monde : quand la question de l'abolition de l'esclavage se posa (⁴), le commerce évita fort habilement de se prononcer sur le fond; il se contenta de poursuivre le maintien des usages existants (⁵), et il félicitait le curé de Blaye qui étudiait « les moyens de concilier les opinions opposées sur la servitude des nègres et leur affranchissement » (⁶).

(¹) 21 février 1788 (C. 4280). — 25 mai 1789 (C. 4363).
(²) 1764 (C. 4381).
(³) *Esprit des lois*, liv. XV, c. 5.
(⁴) Le gouvernement avait déjà fait démentir, en 1776, des bruits relatifs à un prétendu projet d'abolition de l'esclavage (25 mars 1776, C. 4337).
(⁵) 30 juillet 1789 (C. 4250). — 23 décembre 1789 (C. 4266).
(⁶) 22 janvier 1790 (C. 4396). — 28 janvier 1790 (C. 4250). — La traite se faisait en partie dans le golfe de Bénin et notamment dans cette région sur laquelle des événements récents ont appelé l'attention de la France : dès 1727, nous trouvons une mention du roi de Dahomey, qui avait envahi le royaume de Widah (22 août 1727, C. 4271). En 1738, de nouvelles guerres sont signalées dans ce pays (C. 4383) : des Nantais traitaient alors à Widah (*Ibid.*). Il paraît d'ailleurs que certaines maisons françaises avaient sur ce point des factoreries (10 décembre 1750, C. 4275). En 1788, des désordres furent causés en Ardres par un roi noir « nommé

IV. — La sécurité et la facilité du commerce.

L'une des constatations qui frappent le plus vivement dans l'étude des archives de la Chambre du commerce de Guienne est relative aux efforts que fit cette Compagnie pour assurer la loyauté des opérations commerciales et pour en diminuer, dans la mesure du possible, les périls et l'*alea*. Des actions ayant été cédées, qui venaient d'éprouver une hausse à l'insu du vendeur, la Chambre décida qu'il y avait dol et que la vente était nulle [1]. Jean ayant fait des offres de vente à Pierre, qui les accepta, la Chambre, considérant que les cours avaient monté dans l'intervalle, prononça que Jean avait fait non pas une vente définitive, mais une simple proposition, qu'il pouvait retirer, comme Pierre avait la faculté de la rejeter [2].

De tels principes étaient contraires à l'agiotage et aux coups de bourse. Au mois de mai 1726, le Roi ayant modifié le cours des espèces, un banquier de Paris expédia à Bordeaux un courrier extraordinaire; pour éviter de donner l'éveil, ce courrier prétexta une indisposition, s'arrêta à Saint-André-de-Cubzac et confia le paquet dont il était chargé à un postillon nommé Pierrot. Le lendemain matin, 27 mai, le correspondant du banquier parisien enleva les marchandises sur la place, surtout par l'office d'un courtier. Deux jours après, un avis officiel apportait la nouvelle que les cours étaient changés;

Dahomet » (4 avril 1788, C. 4359). La même année, le ministre de la Marine invitait les armateurs à se rendre à Porto-Novo et Badagry plutôt qu'à Widah (13 novembre 1788, C. 4259). En 1790, le roi d'Ardres, de qui dépendait Porto-Novo, honora la Chambre d'une lettre bizarre dans laquelle il faisait connaître les conditions d'admission sur cette rade (4 novembre 1790, C. 4369.)

[1] 29 avril 1720 (C. 4270).

[2] 28 mai 1744 (C. 4274).

les négociants se récrièrent contre la surprise dont ils
venaient d'être victimes, et, le 30, l'Intendant prit une
ordonnance interdisant au courtier de se dessaisir des
marchandises par lui achetées ; le Contrôleur général
invita l'Intendant à porter cette affaire devant les juge et
consuls, qui rendirent une sentence favorable aux plai-
gnants ; appel fut interjeté devant le Parlement, qui, en
dépit des instances du Ministre, ne s'était pas encore
prononcé en février 1727 (¹).

De même qu'elle était opposée à ces coups de bourse,
de même la Chambre se montrait hostile aux négociants
qui tentaient la fortune avec un crédit insuffisant (²).

A diverses reprises elle eut à s'occuper des Juifs (³) ; il
lui arriva de se montrer sévère à leur égard (⁴), mais elle
distingua presque continuellement des Juifs avignonnais
les Juifs portugais (⁵). Les seconds avaient surtout à lutter
contre les courtiers, auxquels ils faisaient concurrence (⁶).
A l'égard des premiers, le commerce bordelais était
unanime. On les accusait de commercer en contravention
aux règlements (⁷), de faire fabriquer des marchandise s
défectueuses (⁸) et de ruiner, par ces procédés peu

(¹) C. 1625 et 1627.
(²) Ces idées étaient partagées par l'Intendant (22 janvier 1725, C. 1630).
29 juillet 1769 (C. 3491).
(³) Sur la colonie juive de Bordeaux, voir surtout l'ouvrage de M. Th.
Malvezin, *Histoire des Juifs à Bordeaux*. Bordeaux, 1875.
(⁴) 31 mai 1727 (C. 4262). — 11 septembre 1727 (C. 4269).
(⁵) Voir notamment C. 1620.
(⁶) La Chambre prit, au moins une fois, le parti des courtiers contre
les Juifs portugais (28 décembre 1720, C. 4252). — Cf. : 30 août 1760
(C. 4264).
(⁷) Septembre 1727 (C. 4374).
(⁸) Le 16 septembre 1735, le Conseil royal de commerce s'occupa d'une
saisie de pièces de drap défectueuses opérée à Bordeaux sur deux juifs
portugais (Délibérations. D'après l'inventaire). — Cf. : novembre 1737
(C. 4379). — 13 avril 1741 (C. 4254). — 1757 (?) (C. 4379). — Les Dijonnais
eux-mêmes se plaignaient des juifs de Bordeaux (Délibérations du Conseil
royal de commerce. D'après l'inventaire. — Malvezin, *Histoire des Juifs
à Bordeaux*, p. 177).

loyaux, l'industrie des maîtrises. La Chambre combattit, on peut le dire, avec acharnement les Juifs avignonnais, « dont la mauvaise foy, » disait-elle, « faisoit la base de leur commerce [1]. » Au député, qui annonçait « avec bien de la satisfaction » leur expulsion [2], elle répondit qu'elle accueillait cette nouvelle avec joie [3]. Trois ans après, la Chambre était convoquée avec les jurats chez l'Intendant pour une affaire importante : il s'agissait d'admettre à domicile deux juifs avignonnais [4]; la délibération se termina par un vote unanimement négatif de la Chambre, qui continua d'ailleurs à repousser avec persistance toutes les tentatives de ce genre [5].

De ce que la Chambre prit soin de maintenir les traditions de probité et de sécurité commerciales, il ne faudrait pas conclure qu'elle fût circonspecte jusqu'à la pusillanimité, ni qu'elle poussât la prudence au point de redouter le progrès. Elle soutint, au contraire, en maintes

[1] Novembre 1737 (C. 4380).

[2] 16 janvier 1734 (C. 4307).

[3] 23 janvier 1734 (C. 4262). — Sur cette affaire, voir notamment Detcheverry, *Les Israélites de Bordeaux*, p. 74 et suivantes.

[4] 7 décembre 1737 (C. 4254). — On ne trouvait pas d'ironie assez mordante pour parler des Juifs avignonnais (23 février 1734, C. 4307). — Les Intendants étaient plutôt favorables aux Israélites : en 1712, Pontchartrain questionna M. de Courson sur la nécessité d'un voyage d'affaires que trois juifs de Hambourg voulaient effectuer à Bordeaux : « S. M. a bien de la peine à se résoudre de permettre à ces sortes de gens de venir dans le royaume. » L'Intendant répondit qu'il n'y voyait pas d'inconvénient (C. 1625). — Le 13 mai 1734, l'Intendant sollicitait un délai pour les juifs expulsés (Conseil royal de commerce. D'après l'inventaire des délibérations). — Les Ministres eux-mêmes n'étaient pas toujours hostiles aux Israélites : en 1729, le Contrôleur général, avant de statuer sur le projet de règlement des drapiers, merciers, etc., s'enquérait des préjudices qui en résulteraient pour les Juifs (29 décembre 1729, C. 4253). — Le 16 février 1736, le Conseil royal de commerce examinait une requête de la prieure des Carmélites en faveur de la veuve Lange (Délibération. D'après l'inventaire).

[5] Le 23 août 1736, le même Conseil fut saisi d'une plainte du commerce de Bordeaux contre les juifs qui ne partaient pas (Délibérations. D'après l'inventaire).

circonstances, l'esprit novateur contre la routine. C'est ainsi qu'elle demanda plusieurs fois que le Trésor et les particuliers (¹), au lieu d'exiger les versements en espèces sonnantes ou, comme on disait alors, les « voitures d'espèces », recourussent aux échanges de valeurs en banque. Cette difficulté fut la première que la Chambre eut à traiter, et elle se produisit plusieurs fois depuis avec une extrême acuité. On comptait que trois millions de métaux monnayés circulaient dans la province, que les impositions dépassaient plusieurs fois cette somme et que les Fermes l'épuisaient en deux mois (²). Il est difficile de vérifier l'exactitude de ces chiffres; mais la situation monétaire de la place de Bordeaux subit souvent des crises d'une incontestable gravité : en 1705, en 1711, en 1723, en 1731, en 1740, en 1747, en 1753, etc. (³).

La Chambre prôna le remède véritablement efficace contre ce mal chronique : ce remède consistait à multiplier le numéraire et à mobiliser les marchandises en entrepôt par l'emploi des valeurs fiduciaires, des lettres de change et des warrants. L'un des mémoires les plus remarquables de la Chambre, rédigé vers 1730, avait pour objet la création d'un « dépôt public », banque au capital de 800,000 livres destinée à faire aux négociants des prêts gagés par les marchandises en entrepôt; si, dans les délais fixés, le remboursement n'avait pas été effectué, les marchandises hypothéquées devaient être vendues aux risques et périls de l'emprunteur (⁴).

Quand la Révolution survint, la Chambre accueillit avec enthousiasme l'organisation du système des assi-

---

(¹) 21 novembre 1720 (C. 4252).
(²) 16 janvier 1723 (C. 4269). — 16 mars 1770 (C. 4264).
(³) En 1753, la Chambre aurait voulu que l'État fît des avances d'espèces métalliques (30 juin et 14 juillet 1753, C. 4315).
(⁴) C. 4269.

gnats (¹) ; l'antagonisme entre la propriété foncière et le commerce eut beau jeu, et les négociants bordelais, heureux de voir tant de richesses territoriales mobilisées, s'employèrent activement à faire aboutir cette combinaison.

———

V. — LA QUESTION SOCIALE.

Dans ses rapports avec les diverses corporations, la Chambre apporta d'habitude une réelle bienveillance; mais elle combattit constamment les « bourses communes », c'est-à-dire les associations entre titulaires d'offices analogues ou entre gens de même métier. Était-ce une application de cette prévention raisonnée à laquelle les abus des anciennes confréries avaient donné lieu? Était-ce l'effet de cette appréhension instinctive qu'éprouve la bourgeoisie en présence du groupement des forces du prolétariat? Toujours est-il que, dans ces conflits, la Chambre, généralement bonne, usa parfois d'arguments dont l'amertume fait pressentir les violences des futures luttes sociales (²). Ses principes contre l'association des ouvriers, elle les étendit d'ailleurs à tous les agents que le commerce met en mouvement : la Chambre ou des réunions de négociants s'opposèrent aux tentatives d'association des courtiers (³).

Bordeaux n'était pas une ville manufacturière (⁴); l'industrie était presque tout entière aux mains de petits

(¹) 24 octobre 1789 (C. 4364). — 3 novembre 1789 (C. 4365).
(²) 2 décembre 1773 (C. 4257).
(³) 4 mars 1750 (C. 4255). — 24 décembre 1772 (C. 4257). — La Chambre reprochait aux courtiers leur insuffisance : elle était assez mal venue à se plaindre de ce chef, puisqu'elle avait mission d'examiner les courtiers préalablement à leur réception. Elle demanda qu'on les soumît à son autorité (11 mai 1778, C. 4265).
(⁴) 15 mai 1725 (C. 4262).

ouvriers, réunis en corps d'états. La Chambre déclara la guerre aux jurandes (¹), qui ne constituaient, d'après elle, que « des privilèges lucratifs accordés à un petit nombre de personnes, au préjudice de leurs autres concitoyens » (²), et qu'elle accusait d'être uniquement « des occasions de cabale, de monopole, de momerie et d'ivrognerie », (³) c'était envisager la question par un bien petit côté. Tout au plus, dans les premiers temps, les directeurs du commerce admettaient-ils que la fabrication fût réservée aux maîtrises, la vente restant d'ailleurs entièrement libre (⁴).

Dans la pratique, ils témoignèrent aux jurandes une hostilité moins absolue : leur opposition aux statuts corporatifs n'était pas systématique, et elle se réduisait, semble-t-il, à repousser, au nom des intérêts commerciaux, des prétentions parfois inadmissibles (⁵).

Par contre, les « bourses communes », dont il a été déjà parlé, eurent en eux des adversaires irréductibles (⁶) : les « communautés » des arrimeurs, les « bandes » des portefaix, les associations des pilotes éprouvèrent de leur part une résistance constante. Dans toutes les occasions, ils revendiquèrent pour les armateurs le droit de choisir librement leurs arrimeurs, leurs portefaix et leur pilote aussi bien que leur courtier, et ils protestèrent pour ce

(¹) 8 avril 1788 (C. 4266).
(²) 1734 (C. 4379).
(³) 21 mai 1716 (C. 4268).
(⁴) 30 novembre 1715 (C. 4268).
(⁵) Voir l'examen des statuts des charpentiers de navires (7 mai 1716, C. 4252); — des tondeurs (26 février 1720, C. 4252); — des cordiers et des tisserands (5 juin 1721, C. 4268); — des teinturiers (13 juin 1721, C. 4268); — des vergeurs d'eau-de-vie (9 septembre 1728, 9 et 23 mars 1730, C. 4253); — des drapiers (29 décembre 1729, C. 4253); — des boulangers (1738?), cartiers (1735), cordiers (1720-1745), tonneliers (1734) (C. 4379); — des cordiers (27 septembre 1751, C. 4255), etc.
(⁶) 6 et 7 septembre 1735 (C. 4253). — 1738 (C. 4395). — 1739-1740 (C. 4396). — 2 décembre 1773 (C. 4257). — 18 décembre 1784 C. 4265).

motif contre les demandes des auxiliaires quelconques du commerce d'être « érigés en titre d'office » (¹).

Comme bien l'on pense, la grève, qui est admise depuis peu par notre droit, était aux yeux de la Chambre un attentat à la sûreté de l'ordre social : un corps d'état refusait-il le travail, elle s'adressait à l'autorité, qui enjoignait aux « grévistes » d'avoir à reprendre le cours de leurs occupations (²). En 1710, des vergeurs d'eau-de-vie avaient soumis à quelques négociants des Chartrons, qui l'avaient approuvée, une sorte de police élevant le tarif de leur travail ; un jurat, averti du complot, manda les vergeurs, se fit remettre la police et la jeta au feu (³). Un fait analogue se produisit quelques années après (⁴). C'était un principe de la monarchie absolue que le droit de l'individu fût annihilé par la raison d'État et par les nécessités d'ordre politique (⁵).

Les matelots eurent plus particulièrement à se plaindre des théories de la Chambre : quand elle eut des équipages à son service, elle leur marqua une sollicitude qui touchait à la faiblesse ; mais à l'égard du matelot pris impersonnellement, elle fut plusieurs fois injuste. Elle estimait, par exemple, que l'armateur ne devait ni indemnité au matelot blessé en service (⁶), ni secours de rapatriement au matelot enlevé par les pirates (⁷), et

(¹) 5 août 1710 (C. 4267). — 1er juin 1784 (C. 4265).
(²) 21 octobre 1743 (C. 4254). — 12-20 juin 1776 (C. 4257).
(³) 18-24 décembre 1710 (C. 4251).
(⁴) 28 février, 7 mars 1715 (C. 4252).
(⁵) Voir des ordres d'emprisonnement contre des ouvriers convaincus de vouloir passer à l'étranger, où ils auraient porté les secrets de nos fabriques (Décembre 1726, C. 4627. — 28 août 1752. C. 4636).
(⁶) 21 juin 1731 (C. 4272).
(⁷) 29 janvier 1733 (C. 4272).

elle demanda que les armateurs fussent autorisés à recouvrer sur le salaire des équipages partie des pertes occasionnées par des cas de force majeure [1]. Elle ne cessa pas de réclamer pour que le gouvernement rapportât la décision attribuant à la Caisse des Invalides les gages des matelots déserteurs [2], décision très onéreuse au commerce, mais qui avait pour but de prévenir les mauvais traitements dont certains capitaines étaient coutumiers.

Quant aux autres agents du commerce maritime : arrimeurs, bouviers, pilotes, interprètes, etc., la Chambre fut très disposée à les appuyer dans leurs légitimes revendications ; elle donnait volontiers un avis favorable à l'augmentation de leurs salaires [3]. Il lui arriva, il est vrai, de trouver que ces augmentations devenaient trop fréquentes pour certains corps, pour les arrimeurs, par exemple ; il est permis de croire que la Chambre était fondée à agir ainsi : les arrimeurs élevaient très souvent des réclamations, et l'on sait que les corps d'états qui se plaignent le plus sont en général ceux qui sont le moins à plaindre.

Pendant les dernières années de l'ancien régime, la Chambre prit des habitudes de bienfaisance qui lui font grand honneur ; on dirait qu'elle revint aux principes de solidarité humaine et de charité que la société épicurienne du XVIIIᵉ siècle avait désappris. Plusieurs fois, elle alloua des secours aux familles de pilotes qui avaient péri en mer [4]. Elle offrit en 1782, pour les veuves et les orphe-

[1] 30 mars 1745 (C. 4263). — 14 juillet 1783 (C. 4258).
[2] 6 juillet 1745 (C. 4263).
[3] 24 avril 1721 (C. 4258). — 27 mars 1782 (C. 4258).
[4] 8 mars 1787 (C. 4258). — 16 septembre 1788 (C. 4259). — 27 novembre 1789 (C. 4259). — Les pilotes de Royan exposaient au Ministre, en 1791, qu'ils avaient perdu, en dix-huit ans, 80 hommes et 38 chaloupes (Septembre 1791, C. 4372).

lins des marins de la région tués pendant la guerre précédente, une somme de 100,000 livres (1). Le comte de Fumel, commandant de la province, qui figure en tête de la liste de souscription (2), associa de nouveau son nom, en 1789, à la bienfaisance de la Chambre : il prit l'initiative du service organisé par cette Compagnie pour secourir les paroisses de la Basse-Guienne, éprouvées par la disette, et souscrivit le premier (3) avec une générosité qui devait être si mal récompensée.

Ici se termine la brève étude que j'ai entreprise sur l'organisation, sur le fonctionnement et sur le rôle de la Chambre du commerce de Guienne.

Peut-être trouvera-t-on que je n'ai pas apporté dans mes appréciations un respect suffisamment laudatif. En cela même j'ai cru rendre un hommage à l'assemblée dont j'esquissais l'histoire. Il est des admirations conventionnelles et de parti pris qui ne comportent nulle réserve et qui n'ont aucune signification ; il m'a paru que, par l'importance de ses services, la Chambre méritait mieux que ces louanges de commande, et que, pour avoir quelque prix, un éloge ne devait exclure ni l'indépendance ni la sincérité. C'est pourquoi j'ai dit en toute franchise ce que je savais et ce que je pensais. Aussi bien l'œuvre de la Chambre du commerce de Guienne est assez belle, son passé est assez glorieux pour n'avoir nul besoin de dissimulations et de ménagements, également indignes de l'illustre Compagnie qu'elle a été et de l'historien consciencieux que j'ai voulu être.

(1) 28 juin 1782 (C. 4258).
(2) C. 4434.
(3) 7 mai 1789 (C. 4250). — C. 4437.

TABLE DES MATIÈRES

CHAPITRE V. — L'œuvre de la Chambre.

CHAPITRE VI. — Les principes de la Chambre.

Bordeaux. — Impr. G. Gounouilhou, rue Guiraude, 11.